友情を哲学する

七人の哲学者たちの友情観

戸谷洋志

光文社新書

友情を哲学する／目次

第三章　友達とわかり合うことができるか——ニーチェ　91

第四章　見返りのない友情は可能か――ヴェイユ　123

目次・章扉・図版デザイン／梠田祥仁

プロローグ

　漫画家である尾《お》田《だ》栄《えい》一《いち》郎《ろう》の代表作に、『ＯＮＥ ＰＩＥＣＥ』がある。一九九七年から連載が開始され、爆発的なヒット作品となったことで知られている。現在、史上最高の累計発行部数を記録している。

『ＯＮＥ ＰＩＥＣＥ』は、海賊たちが覇権を争う、架空の世界を舞台にした物語だ。単行本の一巻において、主人公のモンキー・Ｄ・ルフィは、世界のどこかに隠された財宝を手に入れ、「海賊王」の称号を得るために、旗揚げをする。

　小舟で一人、村を出たルフィは、ある島でコビーという名の少年と出会う。その島を占拠していた海賊団の雑用を強制されていた彼は、将来は海軍に入り、世界平和に寄与したいという夢を抱いていた。海軍とは、この物語の世界における、国際的な治安維持組織であり、海賊にとっては敵対的な勢力だ。

コビーは、気弱な性格のために海賊団を抜け出せずにいた。そんな彼に対して、ルフィは、自分が「海賊王」を目指していること、そのためなら死んでも構わないという、自らの覚悟を語る。それを聞いたコビーは触発され、自分も夢のために戦うことを決意する。彼は、自分を拘束している海賊たちに反旗を翻《ひるがえ》し、ルフィとともに島を脱出することに成功する。

しかし、海賊王を目指すルフィと、海軍将校を目指すコビーが、旅をともにすることはできない。コビーは、次に訪れた島で海軍に入隊することを決め、ルフィと別れることになる。彼はルフィに対して、「ぼくらは…!!　つきあいは短いけど　友達ですよね!!!!」と問う。それに対して、ルフィは次のように返答する。

ああ 別れちゃうけどな
ずっと友達だ

その言葉を聞いたコビーは、ルフィに友達として認められたことへの想いを語る。

尾田栄一郎『ONE PIECE』①／集英社

ぼくは…小さい頃からろくに友達なんていなくて…ましてや
僕のために戦ってくれる人なんて絶対いませんでした
何よりぼくが戦おうとしなかったから…!!

ルフィとコビーは友達になった。それは、コビーが自分の意志をもって、自分の夢のために戦おうとしたからだ。

こうしたルフィとその周りの人々との関係のあり方は、その後の物語で何度も繰り返し描かれる。行く先々で、強者によって支配されている人、虐《しいた》げられている人、自由を奪われている人々が登場する。しかし、ルフィはそうした人々を、単なる被害者として助けるのではなく、そうした人々が自らの意志で強者と立ち向かうとき、そうした人々と「友達」になり、共闘する。彼はしばしば、自分の言葉ではっきりと決意を語らせようとする。それは、彼が何よりも、自分の意志で行為することを、すなわち自律的であることを重視しているからだ。

社会学者の古《ふる》市《いち》憲《のり》寿《とし》によれば、『ＯＮＥ ＰＩＥＣＥ』は今日の若者にとって一つの「現代版聖書」である。[*1] そうであるとしたら、こうした友情観が、すなわち自分の意志で行為する者同士が交《か》わす、対等な人間関係が、今日の若者にとって友情の理想なのかも知れない。少なくとも、若者として『ONE PIECE』に親しんできた読者の一人である筆者には、その感覚がよくわかる。

ルフィとコビーは、いったい何をもって友達であるのだろうか。互いに別の道を歩み、いつかは敵対するだろう二人の友情の絆《きずな》は、どこにあるのだろうか。おそらくそれは、ともに共通の敵と戦った、という経験だろう。互いに命を預け、同じ目標のために、強敵に挑んだ。その経験を共有しているということが、二人の友情のつながりになっているのだろう。

しかし現実の友情には、そうしたわかりやすいつながりが、ほとんど存在しない。社会学者の石田《いしだ》光規《みつのり》によれば、そもそも友情という関係性は、友達同士が互いに寄せ合う感情だけを支えにして、成立する。互いに相手を友達として認めることだけが、友情を成り立たせる。だからこそ、「友人関係は非常に曖昧《あいまい》かつ不安定なもの」であり、「関係の存在を視覚的に確認する手段を欠いて」いるのである。*2

それゆえ私たちは、相手との友情を維持したいと思うとき、相手から自分が友達として認められているのかを意識する。友達からどう思われているのかを気にしてしまう。ほんのわずかでも、嫌われているのではないか、という疑いが生じれば、その不安に脅《おびや》かされ、飲み込まれてしまう。

　日本の若者のＱＯＬにおいて友情が占める重要性の割合は、他の世代と比較しても、他の国と比較しても、突出して高いという。若者は友達といれば幸福を感じられる。しかしそれは、裏を返せば、友達がいなければそれだけ不幸になる、ということでもある。だからこそ、友達を失うこと、友達の輪から排除されることは、若者にとって深刻な脅威になる。

　そうである以上、友達同士が衝突を回避し、互いに「空気を読む」ようになるのは、当然のことだろう。そのようにして私たちは、友達として自然な振る舞いをし、友達の規範から逸脱せず、相手から白い目で見られないように、細心の注意を払うようになるのである。

　しかし、そうした規範は曖昧である。何をしていれば友達として認められ、何をしてしまったら友達であることを否認されるのか、その細則はどこにも明文化されていない。だからこそそれは「空気」なのだ。時々、逸脱的な言動をする者が現れると、まるで晒《さら》し者にするように、その人は「空気を読めない」者として友達の輪から排除される。それは半ば公開処刑のようなものである。そしてその光景が、自分はああはなりたくないと、「空気を読む」ことへの同調圧力をさらに強化する。

社会学者の土《ど》井《い》隆《たか》義《よし》は、若者の間に蔓延《まんえん》する、こうした空気を読み合う友情のあり方を、「友だち地獄」と呼んだ。[*3] そこにあるのは、ルフィが交わす友情とは似ても似つかない、閉塞感に満ちた関係である。人々は、互いに相手から自分がどう思われているのかを気にし、「空気を読めない」と制裁されることを恐れ、目立った行動をしないように立ち回る。すべての言動は「空気」の支配下に置かれる。率直に意見を言うことなどできないし、まして、友達と衝突することもできない。もし友達と衝突するとしたら、それはもはや、その友情が終わることを覚悟しなければならない。しかし友達を失うことは途方もない不幸の訪れを意味するのである。そのように「空気」に依存する友情は、明らかに他律的である。

ここには二つの友情の形がある。一方において、『ONE PIECE』に代表されるような、自律的な人間同士の友情がある。他方において、「友だち地獄」と評されるような、他律的な「空気」に支配された友情がある。前者が友情の理想であり、後者がその現実である。現代の若者はその狭間で引き裂かれているのかも知れない。そしてそれが、友情を面倒なものにしたり、息苦しいものにしたりしているのかも知れない。

しばしば、そんなにも息苦しいのならば、友情なんか重視しなくていい、友達との関係なんか放棄してしまえばいい、と論じられることもある。たしかにそれも一つの考え方だろう。友達がいない人生だって、きっと幸福に満ちたものでありえるだろう。

しかし筆者はこうした議論にあまり魅力を感じない。なぜならそれは、友情が必然的に息苦しいものになること、欺瞞《ぎまん》に陥る関係性であることを、むしろ肯定することになるからだ。それは友情の可能性を自ら矮小《わいしょう》化し、過小評価することのように思える。

むしろ私たちが問い直すべきなのは、本当にそれだけが友情のあり方なのか、それとは別の友情もありえるのではないか、何よりもそれ以前に、そもそも友情とは何か、ということではないだろうか。

友達関係は、互いが友情を認め合うことで成立する。そうであるとすれば、互いが友情をどのように定義しているのか、友情をどのように理解しているのかによって、その関係性はまったく違ったものになるはずだ。そして、そうした友情の概念が一つに限定されなければならない理由なんてない。そこには多様な友情の可能性を認めることもできるはずだ。

ある友情が、私たちに息苦しさをもたらすものであったとしても、それだけが唯一の友情のあり方であるとは限らない。別の角度から友情を理解できるようになれば、私たちは友達との関係を新しい形で理解し、そこに今まで気づくことのなかった何かを見出せるかも知れない。友情に新たな可能性を、新たな価値を認められるようになるかも知れない。

『ONE PIECE』に描かれているような、自律的な個人間の友情も、一つの友情の概念である。そこに示されているのは、互いが揺らぐことのない自分の信念を持っていて、仲間からどう思われるかを気にすることなく、率直に意見をぶつけ合える関係だ。もちろん、そんな関係が築けたら素晴らしい。しかし、それが最高の友情とは限らない。それだけが友情であるとは限らないのだ。

友情とは何か。それは一つの哲学的な探求である。実際に、過去の偉大な哲学者たちは、私たちよりもはるかに多様に、豊かに、奇抜な仕方で友情を論じてきた。そこには私たちのまだ知らない、あるいは忘れ去ってしまった、豊穣《ほうじょう》な友情の可能性が眠っている。

そうした英知を探訪しながら、友情の概念を問い直し、単純化された理想像を相対化すること。それによって友情を新しい光のもとで眺めること。

それが本書のテーマである。

もっとも、そのように友情を問い直すためには、それに先立って、友情とは何であるかが漠然と理解されていなければならない。私たちは、ぼんやりとはわかっているが、はっきりとはわかっていないことこそ、問うことができるからだ。

さしあたり友情は、互いの感情だけをつながりとする関係性である、と定義することができるだろう。そしてここから友情に備わる次のような性質が導き出せる。

第一に、友情とは、契約に基づかない関係である。たとえば恋愛をするとき、人は基本的には契約をする。「付き合ってください」と告白し、それに対して合意を得ることで、はじめて関係性が成立する。そうした契約を伴わない恋愛は暴力に発展する可能性があり、望ましくない。それに対して、友情が契約に基づくことはほとんどないし、あったとしても不必要であると思われる。たとえば誰かと友達になるとき、「友達になってください」と告白し、合意を得ることはあまりない。

また、第二に、友情とは誰からも管理されない関係である。たとえば家族は戸籍という形で国家に管理されている。国家は、「私」が誰と家族であるかを把握しており、問題が生じれば「私」に対して何らかの働きかけをしてくる。しかし、私たちは自分が誰と友達であるかを誰にも申請しない。だからこそ、国家は「私」が誰と友達であるかを把握することができない。したがって、友情を管理するのは、その友情を交わしている当事者だけ、つまり友達同士だけである、ということになる。

そして第三に、友情とは、常に解消可能な関係である。たとえば恋愛において、関係を終わらせるには別れ話をしなければならない。夫婦が離婚するためには国家に対して離婚届を提出しなければならない。これらの関係性において、自分以外の誰かからその承認を得なければ、「私」はその関係を解消することができない。しかし、友情の解消にそうした承認は必要ない。友達のうちの一方が、もうその友情を終わらせたいと思えば、その瞬間に関係性は解消されるのである。

友情とは、契約に基づかず、誰からも管理されず、常に解消可能な関係である。これらは、友情が満たさなければならない条件として、前提にしても構わないだろう。そして、ここから導き出される帰結は、友情は本質的に不安定である、ということだ。

私たちが誰かと友達になったとしても、その関係を「私」の代わりに保証してくれるものは、何もない。友情は常に存続の危機に立たされている。友情を継続するためには、友達との関係を配慮し続け、友達に対して働きかけなければならない。炎に薪《まき》をくべ続けるように、自ら関わりを作り出さなければならないのだ。そうした活動を少しでも怠れば、友情は簡単に解消されてしまう。だからこそ誰かと友達でい続けることは、新しい友達を見つけることよりも、はるかに難しいことなのである。

哲学の議論において、しばしば、友情は**「友愛」**という概念と混同されてきた。[4] しかし、両者はその成り立ちからしてまったく別の概念である。今後の議論の混乱を避けるためにも、ここで両者の違いを確認しておきたい。

「友愛 fraternity」は、ラテン語で兄弟関係を意味する fraternitas に端《たん》を発する概念であり、キリスト教の伝統のもとで、教会や修道会を指す言葉として用いられた歴史がある。この言葉を原義に忠実に訳すなら、「兄弟愛」となる。キリスト教の世界観において、この世界は父なる神によって創造されたと考えられているため、人類は誰であっても兄弟として理解されることになる。この意味で兄弟愛とは、言い換えるなら、人類への愛に他ならない。したがって、キリスト教的な文脈において、友愛はすべての人を分け隔《へだ》てなく愛すること、そうした包摂性を本質とする概念であると言える。

それに対して、「友情 friendship」は、古代ギリシャ語の philia に端を発する概念であり、当時は賞賛に値する男性同士の関係性を指していた。[5] それは、キリスト教的な文脈のなかですべての人を愛そうとする友愛とは異なり、愛されるに値する者と関わることである。ある人と友情を交わすのは、その人の何かを「私」が愛するからであり、その人が誰でもいいわけではない。私たちは、その人が他の誰でもないその人だから、その人と友達になるのだ。この意味において、包摂性を本質とする友愛に対し、友情は排他性をその本質としている。ただし、友愛という概念は近代以降に世俗化し、フランス革命では民主的統合の象徴として位置づけられるようになったことでも知られている。一八四八年のフランス第二共和政の憲法では、「自由」と「平等」と並ぶ第三の理念として掲げられた。その過程で、「友愛」はむしろ自分たちの仲間への愛、共同体の成員への愛へと変容し、この概念がもともと有していた包摂性を失い、排他的な側面を持つことになる。そしてそれが、友情と友愛を区別することを困難にしているのだ。

こうした友愛の概念史について考察することは、残念ながら、本書では紙幅の制約から不可能である。そのためここでは次の点を指摘するに留めたい。すなわち本書は、キリスト教的な出自をもつ友愛概念ではなく、あくまでもギリシャ的な友情概念について考えていく、ということだ。

哲学者の清《し》水《みず》真《ま》木《き》によれば、古代ギリシャの社会において友情は特別な意味を持っていた。なぜならそれは公共の空間を成り立たせるための関係性として理解されていたからだ。当時、公共の空間、つまり政治に参加できる者は「市民」と呼ばれていた。ただし、その国の領土内に生きるすべての人々が市民だったわけではない。市民になることができたのは、奴隷を所有する成人の男性に限定されていた。つまり奴隷や女性はそこから排除されていたのである。

市民は、面倒な仕事や家事から解放された、自分の時間を自由に使うことができる自律的な人と見なされた。そうした人々は、自由であるがゆえに、思ったことを発言することができる。だからこそ政治に参加することが許されたのだ。そうした市民たちの間で交わされる人間関係が、友情だったのである。したがって清水によれば、古代ギリシャの哲学において、友情とは公共性の関係であるという理解が支配的であったという。[*6]

清水は、このような意味での友情は、現代の日本社会には存在しないと述べる。[*7]しかし、筆者にはそうは思えない。たしかに、現代の日本に古代ギリシャの政治空間は存在しない。しかし、私たちが当たり前だと思っている友情の概念には、ある点では依然として、古代ギリシャ的な友情観が反響しているのではないだろうか。

それは、友情があくまでも自律的な個人によって交わされる関係である、という点だ。他者を頼り、他者に依存し、他者に支配されることは、そもそも友情にふさわしくない。何ものにも縛られず自由に発言できる人間が、他者と真の友情を交わすことができる。このような発想は、私たちが冒頭で眺めた、『ONE PIECE』の友情観と共鳴するものであろう。舞台を古代ギリシャの都市国家に置き換えれば、ルフィは優れた政治家として賞賛されるだろうし、彼が交わす仲間との関係は、理想的な友情として語り継がれるのではないだろうか。

　このように考えるなら、友情が自律的な個人の間で交わされる関係である、という考え方は、非常に長い歴史的な伝統を持っていると言えるのではないだろうか。私たちはこのような友情の概念を、「伝統的な友情観」と名付けることにしよう。それは、古代ギリシャ的な友情観であると同時に、ルフィ的な友情観だ。それに対して本書が試みるのは、この伝統的な友情観に盲従するのではなく、かといって友情を全面的に放棄するのでもなく、どのようにして別の友情が考えられるのか、新しい仕方で他者と友達になれるのかを考察することである。

　ただし、『ONE PIECE』だけが若者の友情を規定しているわけでもないだろう。興味深いことに、様々なメディアが混在している日本のサブカルチャーにおいて、友情を好んでテーマとするのは主に漫画である。音楽、映画、ドラマでも、友情が描かれはする。しかし日本の漫画作品には、友情を正面から主題化し、多様な友情を描き出し、その可能性を問うた傑作が数多ある。そして若者は、自らの友達との関わり方、付き合い方を考えるとき、そうした作品に描かれる友情を一つのモデルとして参照しているように思える。

そうであるとしたら、友情を哲学的に考察しようとするとき、漫画は恰好の手がかりになるはずだ。こうした観点から、本書では、哲学的な友情論を読み解くためのヒントとして、漫画作品の一場面を考察の題材に取り上げていく。

私たちは弱く、傷つきやすい。

友達から嫌われたくないと思ってしまう。友達から認められたいと思ってしまう。どんなときでも自律的でいることなどできない。どんなときでも笑顔でいることなどできない。

そうした、不完全で、欠落を抱えた、一人では生きていくことのできない私たちが、それでも他者とよい友情を交わすことは可能なのだろうか。

前置きはもう十分だろう。そろそろ、その答えを探す旅に出よう。

友情の哲学へ、ようこそ。

＊1 古市憲寿『絶望の国の幸福な若者たち』一四〇頁（講談社＋α文庫、二〇一五年、原著二〇一一年）

＊2 石田光規『友人の社会史――1980-2010年代私たちにとって「親友」とはどのような存在だったのか』一三頁（晃洋書房、二〇二一年）

＊3 「彼らは、教室のいたるところに埋設された地雷を踏むことのないように細心の注意を払いながら、互いの配慮の視線をさらに繊細なものへと高めていく。互いの反感が露呈してしまわないように、対立の要素を徹底的に排除しようとし、さらに高度な気遣いをともなった人間関係を営んでいく。ここには、人間関係への過剰な期待と、それがもたらす過剰な重苦しさをめぐって、相互に補強しあうような関係が成立している」（土井隆義『友だち地獄――「空気を読む」世代のサバイバル』九-一〇頁、ちくま新書、二〇〇八年）

＊4 たとえば尾関周二他編『哲学中辞典』では、「友愛」の項目の見出し語に「friendship」を含めている（尾関周二他編『哲学中辞典』一二三七頁、知泉書館、二〇一六年）。また、葛山泰央『友愛の歴史社会学――近代への視角』では、次のように述べられている。「本書は、友愛（amitié）――以下では、この言葉を「友情」や「友人」の記号性を包括する言葉として用いることにしたい――を言説化する」（葛山泰央『友愛の歴史社会学――近代への視角』vi頁、岩波書店、二〇〇〇年）。細かいことを言えば、「amitié」は「友情」と訳すべきであり、また友情が友愛のうちに包摂されるという概念関係は、少なくとも両者の概念の語源的な成り立ちを考慮するなら、説得的ではない。

＊5 Friedrich Kirchner und Carl Michaëlis, *Wörterbuch der philosophischen Begriffe*, Felix Meiner, 2013, S. 230.

＊6 清水真木『友情を疑う――親しさという牢獄』iii頁（中公新書、二〇〇五年）

＊7　「哲学者たちの手になる友情論の歴史を辿ることにより、私たちは、友人や友情の本当の意味を知り、本当の友情にもとづく友人を見出すことができるようになるのではない。反対に、自らの周囲には「友人などいない」ということ、少くとも現代の日本では、本当の意味での友情が機能する場所は見出されないこと、したがって、私たちが「友人」と名づけている知り合いは、本当の意味での友人なのではなく、比喩的な意味で「友人」と呼ぶことができるにすぎない存在であることが明らかになってくる」（同前、iv頁）

第一章

友情とは何か

——アリストテレス

ARISTOTLE
IMMANUEL KANT
FRIEDRICH WILHELM NIETZSCHE
SIMONE WEIL
SIMONE DE BEAUVOIR
MICHEL FOUCAULT
ALASDAIR MACINTYRE

――たとえほかの善をすべてもっていたところで、
友人がいなければだれも生きてゆこうと思えないものである。

©AFLO

アリストテレス
ARISTOTLE
（前 384〜前 322 ）

伝統的な友情観とは別の友情を模索すること。それが、現代に生きる私たちが考えるべき問いである。しかし、それを達成するためには、まず伝統的な友情観がどのように形作られているのかを知る必要がある。そのために、最初に扉を叩くべき哲学者は、一人しかいない。古代ギリシャの哲人アリストテレスだ。

友情は、そもそも古代ギリシャに起源をもつ概念である。そしてこの概念を、哲学の観点からはじめて体系的に論じたのが、アリストテレスだった。しばしば、西洋の哲学的な友情論は、すべて、「アリストテレスへの注釈[*1]」であると評される。それほどまでに彼の影響力は巨大である。主著『ニコマコス倫理学』のなかで彼は友情をテーマに論じている。そこで考察されるのは、そもそもなぜ、どのようにして、私たちは他者と友達になるのか、ということだ。

本書は、伝統的な友情観の特徴を、自律的な個人の間で交わされる関係として説明した。そして、アリストテレスこそ、友情をこのような概念として定着させた哲学者である。なぜ彼はそう考えたのか。ここから、今日まで私たちを支配する伝統的な友情観の出自を解き明かしてみよう。

なぜ友達が必要なのか？

手前から議論を始めよう。そもそも、なぜ、私たちには友達が必要なのだろうか。生物として生きるだけなら、私たちに友達は必要ない。食事や睡眠さえしていれば生きることはできるからだ。その意味において、他者と友達になることは、生物として生きている限り不必要なこと、いわば余分なことである。

もちろん、人間は単なる生物ではなく、社会的な生き物でもある。社会生活をする上ではやはり友達が必要だ。そのように考えることもできるかも知れない。しかし、インターネットの発達によって、そうした常識も崩れつつある。

たとえば、哲学者の東《あずま》浩《ひろ》紀《き》が指摘するように、私たちは「書籍を買うときに、あるいは週末に行く映画や美術展を選ぶとき」に、友達の意見を聞くのではなく、まず情報をインターネットで検索する。[*2] それは、友達の意見よりも、ネット上の情報の方を信頼しているからだ。東はこれを「友情と信頼の対立」[*3] と呼ぶ。つまり私たちは、顔の見える友達よりも、「顔も名前も知らない無数の人々の消費行動から抽出された、巨大なデータベース」[*4] の方を信頼しているのである。

これまで友達に頼ってきたことのほとんどが、インターネットによって代替できるようになる。私たちは、たとえ一人も友達がいなかったとしても、普通に生活することができる。したがって、社会生活の面から考えても、友達はもはや不必要であるということになる。

それでも私たちに友達は必要なのだろうか。それとも友達は、人生の嗜《し》好《こう》品《ひん》のようなものであり、なくても困らないものに過ぎないのだろうか。

こうした疑問に対するアリストテレスの考えは明確である。すなわち彼は、それでも人生に友達は必要である、と答えるだろう。彼は次のように述べている。

> たとえほかの善をすべてもっていたところで、友人がいなければだれも生きてゆこうと思えないものである。なぜなら、富んだ人々にも、支配的地位や権力を保持している人々にも、友人はもっとも必要なものだと思われているからである。[*5]
>
> （『ニコマコス倫理学』）

善――すなわち私たちにとって価値があるものには、様々なものがある。経済的な豊かさや、社会的な地位もそうした善のうちの一つである。友情もまた同様だ。しかし、友情には他の善とは異なる特別な価値がある。それは、友情がなければ、他の善は色褪《あ》せてしまうということである。どんなに経済的に豊かでも、どんなに社会的な地位を手に入れても、友達が一人もいないのであれば、それは取るに足らないものだろう。誰からも相手にされず、誰とも親しく話ができないのなら、好きなものを買えても、自分にへつらう人がたくさんいても、人生は無意味なのだ。

生物として生きるだけなら、社会生活を営むだけなら、友達は必要ではないかも知れない。しかし人生を有意味にするために、友達は必要である。それがアリストテレスの基本的な立場である。

三つの友情

人生には友情が必要である。では、そのとき友情とは何を意味しているのだろうか。アリストテレスは友情を一つの愛として説明する。友達を愛することが友情なのだ。ただし、これではまだ説明になっていない。私たちはどのように友達を愛するのだろうか。またなぜその友達を愛するのだろうか。

　アリストテレスの考える愛は、決してすべての人間を普遍的に愛することではない。私たちには、友達として愛することができる人と、愛することができない人がいる。両者を分けるものは何だろうか。それはその人が、愛されるに値する何かを持っているか否か、ということに他ならない。私たちは、その何かを持っている人を愛するのであって、それを持っていない人は愛さないのである。

　それでは、愛されるに値する何かとは、具体的には何だろうか。アリストテレスはそうした価値として三つのものを挙げている。すなわち、**「快楽」「有用さ」「善良さ」**である。友情とは、相手が持つこれら三つの価値を愛する関係である。そうである以上、友情そのものも、それが相手の何を愛するのかによって三種類に分けられる。すなわち、**「快楽に基づく友情」「有用さに基づく友情」**、そして**「善良さに基づく友情」**だ。

　快楽に基づく友情とは、相手といることが快楽であるような関係である。ここでいう快楽とは、一緒にいて楽しい、愉快だ、気持ちいい、といったような意味である。特に何かがあるわけではないが、その人といるといつも笑っていて、居心地がよく、他愛のない話ができる。気を遣わず、リラックスしていられる。そうした友達と交わされる友情は快楽に基づくものである。たとえば、教室のなかでふざけて大笑いするだけの友達、一緒にごはんを食べる友達、居酒屋で愚《ぐ》痴《ち》を言い合うだけの友達などは、このタイプの友情だろう。

　有用さに基づく友情とは、何らかの目的を達成するための手段として、仲良くしている相手との関係である。ビジネス上の友達と言うこともできるかも知れない。たとえば、勉強を教え合うための友達同士は、テストで良い点を取る、という目的のために相手と仲良くしているのであり、その意味では友達を役に立つものと見なしている。また、会社のなかでプロジェクトのメンバー同士が互いを「戦友」のように扱う場合も、このタイプの友情に該当するだろう。ただし、その関係があくまでも相互的なものでなければ、そこに友情と呼ばれるような関係は成立しないだろう。

　善良さに基づく友情とは、相手の善良さに惹かれ合うようにして結ばれる関係である。善良さとは、その人自身がもつ優れた性質であり、卓越性や「徳」と言い換えることもできる。平たく言えば、その人のその人らしさ、その人の個性、その人のオリジナルな魅力のようなものだ。たとえば思慮深い人同士が、互いの思慮深さに惹かれ合って交わす友情は、思慮深さという互いの善良さに根差した関係性である、と考えることができる。一般に、親友と呼ばれる友情関係はこのタイプに該当する。

友情の多様性

たとえば、「私」にとって快楽に基づく友情を交わす友達として、一緒にごはんを食べる食事友達がいるとしよう。その友達は、「私」よりも勉強の成績は悪く、また正直に言ってかなり性格が悪いかも知れない。そうすると、この友達は「私」にとって何かの役に立つとは思えないし、また優れた人として尊敬できるわけでもない。つまり、有用さと善良さを欠いているのである。しかし、言い換えるなら、そうした要素がなくても快楽に基づく友情は成立するのである。

一方、有用さに基づく友情を交わす友達として、テスト前に一緒に勉強する友達がいるとする。「私」のテスト友達は、普段からかなりの無口であり、一緒にいても話題に詰まることが多く、正直に言って愉快な気分にはならないかも知れない。また、自分の成績が良すぎるためか、成績が悪い人を見下す傾向があり、折に触れて人を馬鹿にする言葉を口にする。しかしノートは天才的に整理されており、先生よりも学習内容の説明がうまい。このような人と友達であるとき、「私」はその有用さを愛しているのであって、その友達に快楽や善良さはそもそも期待していないのだ。

ただし、アリストテレスの考えでは、快楽に基づく友情と、有用さに基づく友情は、ともにある限界を抱えている。それは、相手が「私」にとって快楽や有用さという価値を失ってしまったら、その友情が成立しなくなってしまうということだ。快楽に基づく友情において、「私」はその友達と一緒にいることで得られる楽しい時間を愛しているのであって、その友達自身を愛しているのではない。また、有用さに基づく友情においても、「私」はその友達がそれに対して役に立つところの目的を愛しているのであって、やはり、友達自身を愛しているのではない。したがって、そうした価値がなくなれば、その人と友達でいる理由もなくなってしまうのである。

そして、快楽や有用さは、時間の経過とともに簡単に失われてしまうものである。いつも一緒に愉快に食事をしていた友達に、ある日恋人ができれば、様子が一変して以前のように楽しく話せなくなるかも知れない。テスト勉強を教えてもらっていた友達にも、やはり恋人ができて、まったく勉強しなくなってしまうかも知れない。そうなれば友情は解消の危機にさらされる。この意味において、快楽に基づく友情と有用さに基づく友情は、ともに壊れやすい友情であり、その意味において不完全である、とアリストテレスは考える。

完全な友情

なぜ、快楽や有用さは簡単に失われてしまうのだろうか。アリストテレスによれば、それは、こうした価値がその人自身に備わるのではなく、あくまでも後から付け加わるもの、二次的で副次的なものに過ぎないからだ。アリストテレスはこのような性質を**「付帯的」**[*6]と呼ぶ。付帯的な価値とは、その人がその人自身であることに影響を与えない価値である。たとえば食事友達は、たとえ恋人ができて付き合いが悪くなっても、人間としては何も変わっていないだろう。「私」にとって、その友達と一緒にいることが楽しかろうか楽しくなかろうが、それはその友達がその友達自身であることと関係ないのだ。

これに対して、アリストテレスによれば、善良さは決して付帯的ではない。その人の長所や個性は、まさにその人自身のものであって、簡単に失われることがないからだ。したがって、善良さに基づく友情は時間が経過しても簡単には失われない。アリストテレスは次のように述べる。

> 愛《フイリア》として完全なのは、善き人々のあいだ、つまり徳《アレテー》の点で類似の人々のあいだに成り立つ愛《フイリア》である。なぜならこの人々は、かれらが善き人であるかぎりにおいて、互いに同じ仕方で互いの善を願いあうのだが、ここでかれらが「善い」のは、かれら自身に基づいてのことだからである。［…］それゆえ、かれらの愛《フイリア》は、かれらが善き人であるというそのかぎりにおいて持続してゆくのである。そして徳《アレテー》こそ、安定した持続性をもつものなのである。[*7]
>
> （『ニコマコス倫理学』）

たとえば、思慮深い徳を備えた人は、どんなときでも思慮深い。たとえ恋愛をしても、そうした人は思慮深く恋愛をするのであり、善良さが急変することは考えられない。そのため、善良さを相手に求める友情は、その価値が相手から失われる危険が少なく、友情が解消される可能性ももっとも低い。この意味において、善良さに基づく友情は「安定した持続性」を持っており、したがって「完全」なのである。

もっともアリストテレスは、だから私たちは善良さに基づく友情だけを目指すべきであり、不完全な友情などは交わすべきではない、と考えていたわけではない。彼は、快楽に基づく友情や有用さに基づく友情にも、友情としての価値を認めている。また、これらの友情は確かに不完全ではあるが、しかしだからといって、常に風前の灯《ともしび》のように、次々と簡単に解消されていくわけでもない。アリストテレスによれば、もしも「私」が、相手に求めている価値と同じものを提供し続けることができるのなら、「私」はその友達と持続的な関係を築くことができる。

　たとえば、快楽に基づく友情なら、「私」も食事中に友達が楽しめるように気遣える限り、また有用さに基づく友情なら、「私」も友達のために見事なノートを作って見せるのである限り、たとえ不完全であったとしても、友情を温め続けることはできるのである。

善良さとは何か？

　とはいえ、完全な友情と不完全な友情を比較するなら、当然、完全な友情の方が望ましい。そう考えるのが自然だろう。では、善良さに基づく友情を交わすには、どうしたらよいのだろうか。前述の通り、それは善良な人間の間で成立する友情である。そうであるとして、そもそも、どのような人間が善良なのだろうか。

善良さとは個性であり、長所である。ただしそれは何の努力もなしに現れるものではない。アリストテレスによれば、善良さはもともと人間が持っているものであるが、しかし、何らかの活動をすることによって、はじめて発揮されるのだ。

たとえば「私」の善良さが思慮深さだとしよう。しかし、何もしないでいたら、そうした思慮深さは発揮されない。たとえば寝る前に一日を反省してみたり、明日の行動計画を立てたりするときに、その活動に伴って思慮深さが現れてくる。その一方で、このような善良さの発揮を妨げる活動も存在する。たとえば毎日アルコールを飲んでいたら、どんなに「私」が思慮深くても、それは発揮されなくなってしまうだろう。

したがって、善良さを発揮できるためには、自分の善良さが何であるかを把握し、そのためにどんな活動が必要かを熟知していなければならない。そして、自分にとって本当に必要なことをし、必要ではないこと、有害なことは差し控えるべきなのだ。

ここからアリストテレスは非常に面白い発想を語っている。このように自分の善良さを発揮できるよう活動することは、自分自身と友達になることに等しい、と言うのである。

〔…〕隣人に対して或る人がもち、しかも愛《フィリア》を説明する友人らしい特徴は、自分自身に対する「友人関係」に由来しているように思われる。
なぜなら、人々はまず、相手のために善もしくは善にあらわれるものを願い、行為する人、あるいは友人のために、その人が存在し、生きることを願う人のことを、友人と考えているからである。〔…〕また、友人とともに生き、友人と同じことを選ぶ人、もしくは友人と同じ苦しみを味わい、同じく喜ぶ人を友人であるとする人々もいる。〔…〕しかし、これらの特徴のそれぞれは、高潔な人の場合に、自分自身との関係において、成り立っているのである。〔…〕
なぜなら、高潔な人は自らと意見が一致しており、自らと同じものを魂全体において欲求するからである。そしてそれゆえ、この人は自分自身に善と、善に思われるものを願い、また行為する。[*8]

（『ニコマコス倫理学』）

つまり、善良さを発揮することができる人は、まるで友達に対して接するように、自分自身に対して配慮し、自分の善を願える人なのである。そうした人だけが自分の善良さを発揮することができる。そして、善良さを発揮している者同士が、善良さに基づく友情を交わすことができる。
そうだとすると、善良さに基づく友情は、それに先行して、まず自分自身との友情を前提にしている、と考えることができる。私たちは、他者と完全な友情を交わそうとするとき、他者を愛するよりも前に、自分自身を愛さなければならない。自分を愛することができなければ、善良さを発揮することはできないからだ。ここにアリストテレスの友情論の独創的な点がある。すなわち、自己への友情が、他者への友情に先行するのである。

だからこそ、自分自身を愛せない人は、他者とも友達になれない。それはどういう人かというと、自分の善良さを理解していない人、あるいはその発揮を妨げるような活動をする人である。たとえば、自分の善良さが思慮深さなのに、毎晩アルコールを飲んで、毎朝二日酔いになっている人がそうである。こうした人は、善良さを発揮できないために、他者からその善良さを愛されることもなく、したがって善良さに基づく友情を交わすことができない。友達はできるかも知れないが、それは、常に不完全な友情に留まってしまうのである。

なぜ幸福な人も友達を必要とするのか？

このように自分を友達にできる人は、善良さを発揮するために、他者の助けを必要としない。つまり、他者に依存することなく、常に自分自身であり、また自分自身のために生きることができる。アリストテレスによれば、このような状態にある人は幸福である。したがって、自分と友達になるということが、人間が幸福であるために重要なのである。

ここで次のような疑問が生じたとしても不思議ではない。すなわち、そうであるとすれば、なぜ私たちはわざわざ他者と友達になるのだろうか、ということだ。なぜ、自分と友達であるだけでは飽き足らず、その友情を外部へと広げなければならないのだろうか。もしもアリストテレスの主張が真実であるとしたら、そのとき、人間は自分自身を友達にすればそれで事足りるはずだ。そうである以上、他者と友達になる必要はないのではないか。それでも他者を友達として必要とするなら、それはその友達に依存しているのであって、自分自身に充足する幸福な状態に、傷をつけるようなことなのではないか。

このような疑問に対して、アリストテレスは次のような興味深い回答を示している。たしかに私たちは自分自身を友達にすることができれば幸福である。しかし、その幸福をより望ましいものにするために、他者と友達になることが必要なのである。

どういうことだろうか。

前述の通り、自分自身と友達になるということは、自分の善良さを発揮するために必要な活動をする、ということだ。したがって幸福もまた活動のなかにある。アリストテレスにとって幸福とは、何もしていないときにしみじみと感じるものではない。ところが私たちには、活動をしている最中に、そのように活動している自分自身を反省することができない。言い換えるなら、自分を認識することができないのである。

活動するということは何かに働きかけるということだ。それに対して認識するということは、対象に働きかけることなく、その対象から距離を取って、それを眺めることである。アリストテレスはそうした働きを**「観照《かんしょう》」**と呼ぶ。活動と観照は対立する。したがって私たちは、たとえ活動によって幸福になるのだとしても、自分がそのように幸福であるということを認識できないのである。

たとえば、思慮深さを善良さとする「私」が、その思慮深さを活かして明日の行動計画を練っているとしよう。その活動をしているとき、「私」は自らの善良さを発揮しているのであり、その意味で幸福である。しかし、そのように明日の行動計画を練っている「私」は、自分の姿を反省することができない。「私」は明日の行動計画の方に集中しているからである。だから、実際には幸福であるにもかかわらず、自分が幸福であることに気づかないのである。

もちろん、自分が幸福であることを認識できないのだとしても、幸福であること自体はよいことだ。しかし、それを認識することができたら、その幸福はもっと味わい深いものになるだろう。したがって幸福な人にとって、自分が享受している幸福を認識することは、より望ましいことなのである。しかし、活動と観照が対立する以上、それは原理的に不可能である。では、どうしたらよいのだろうか。

これに対してアリストテレスが提案するのが、自分と同じ善良さをもった友達の姿を眺めることである。たとえば、思慮深い「私」が、自分と同じように思慮深い他者の姿を眺めるとき、「私」はそこに自分と相通じるものを感じ取る。その人にとって、その他者を眺めることは、自分自身の善良さを眺めることと同義である。そしてそれによって、その人は自分自身が幸福であるということを、その他者を鏡にして、認識することができるのだ。

「もう一人の自分」としての友達

アリストテレスによれば、だからこそ、善良な人間は自分と同じ善良さをもつ人間を愛する。それは、他者の善良さそのものを愛するのではなく、そうした他者の善良さのうちに、自分自身の善良さを認識するからである。したがって「友人であるすぐれた人々の行為は、善き人々にとって快いとする」のであり、「至福な人はこの類いの［徳《アレテー》ゆえの］友人を必要とするだろう」と彼は述べる。[*9]

つまり、私たちはまず自分自身と友達になるべきであるが、しかしそうした友情をより望ましいものにするためには、自分に似た他者と友達になる必要があるのだ。この意味において、友達とは単なる他者ではない。アリストテレスによれば、それは、**「もう一人の自分」**[*10]なのである。

理想を言うなら、もっとも完全な友情とは、友達と「私」がまったく同じ善良さを持っているような友情だろう。そしてそれは、「私」と友達が一心同体になるような友情である、と言うことができるかも知れない。そんな極端な友情が、果たして現実にありえるのだろうか。

たとえば、春秋《しゅんじゅう》戦国《せんごく》時代を題材にした原泰久《はらやすひさ》の漫画、『キングダム』の物語では、そうした友情が描かれていると言えるかも知れない。主人公の少年・信《しん》は孤児であり、同じく孤児の少年・漂《ひょう》とともに、使用人のような身分で働かされている。しかし、二人はいつか士官して出世し、将軍となって世界に名を轟《とどろ》かせたい、という夢を抱いていた。

ある日、陰謀に巻き込まれた漂は、何者かによって斬られてしまう。今際の際で、「二人で天下の大将軍になるっつったじゃねぇかよ!!」と叫ぶ信に、漂は次のように答える。

なるさ！

信

俺達は力も心も等しい

二人は一心同体だ

お前が羽ばたけば俺もそこにいる

信…

俺を天下に連れて行ってくれ

そう言葉を残して、漂はこと切れてしまう。

信は、この漂の言葉を胸に宿し、軍隊に士官して将軍への長い道を歩み始める。彼は、自分一人のためではなく、漂に将軍の景色を見せるために、その夢を叶えようとするのである。

原泰久『キングダム』①／集英社

このとき、信と漂は互いを同一視しているのであり、二人は一心同体の存在である。だからこそ、漂の肉体が滅びても、信のなかに漂は生き続ける。そのことを、信も漂も互いに了解しているということが、二人の友情を強固で、完全なものにしていると言える。

なぜ、二人は互いを一心同体だと思えるのだろうか。おそらくそれは、信と漂が、互いに低い身分に耐えながら、日々欠かさずに訓練を積み重ね、やがて将軍になるという大志を抱いているということ、そうした勇気や希望を持つ点で、よく似ていたからではないだろうか。だからこそ漂は信のうちに自分自身を見出すことができたのだ。

アリストテレスの友情論は、こうした二人の友情を理解するための、一つの手がかりを提供してくれるものだろう。

友情の男性性

友達を「もう一人の自分」と捉えるアリストテレスの議論は、いかにも奇異に聞こえるかも知れない。なぜ彼はこのような極端な発想を取るのだろうか。

おそらくその理由は、人間が友達として他者を必要とするという事実と、しかし人間は他者に依存するべきではないという要請を、アリストテレスが両立させようとしているからである。彼の発想に従えば、たとえ友達を必要とするのだとしても、それをもって私たちが他者に依存していることにはならない。なぜなら、友達とは「もう一人の自分」であり、結局のところ「私」は他者を必要としているのではなく、「私」自身を必要としているに過ぎないからだ。この意味において善良さに基づく友情は、他者を自分と同一視する発想である、と考えることができるだろう。

　このような考え方には、依存ということに対するアリストテレスの拒絶が透けて見える。人間は、誰にも頼ることなく、自分自身だけで生きていくべきであって、他者に依存しながら生きるべきではない。依存するということは、その他者の言いなりになるということであり、他者を目的にして生きることを意味するからだ。それは、結局のところ、自分のために人生を生きることの放棄に他ならない。

　依存に対する彼の批判的な態度は、窮《きゅう》地《ち》に陥ったとき、友達に対してどのように振る舞うべきか、という問題において、より明瞭に論じられている。

　生来の人柄において雄々しい人々は、友人を苦しませないように用心する。そして、もし自分自身が苦しいと思わない状態でいられる点で突出しているのでなければ、友人たちに苦しみが生まれることに我慢できず、自らが悲嘆に沈まない性分であるだけに、友人が自分と悲嘆をともにしようとすることを、およそ認めようとしない。他方、女性たちや女性に似た男の人は、悲しみをともにしてくれる人々を喜び、かれらを友人であり、つらさをともにしてくれる人として愛するのである。しかし、明らかにこのすべてのことにおいて、より善き人を模倣すべきである。[*11]

（『ニコマコス倫理学』）

アリストテレスによれば、自分が窮地に陥ったとき、友達に助けを請《こ》うことは望ましいことではない。なぜなら、そのとき友達を呼ぶことは、自分の苦しみを友達に共有させることになるからだ。しかし、そうしたことを「雄々しい人々」つまり男性的な人は望まない。むしろ、そのように苦しみを共有したがるのは、「女性たちや女性に似た男の人」なのである。彼にとって、苦しみを友達に共感してもらうこと、そうした共感によってケアしてもらうことは、友達として恥ずべきことである。私たちは、たとえ大きな苦悩に直面しても、それを一人で耐え忍ぶべきであり、他者に助けてもらいたいなどと思うべきではない。自分のことは自分でしないといけない。もし、他者からのケアがないと生きていけなくなってしまうなら、それは他者に依存しているということになってしまう。

ここに示唆《しさ》されている通り、依存を拒絶し、自律を重視するアリストテレスは、そうすることによって友情とケアの関係を拒否する。また、そのように自律性を基調とする生き方を男性的なものとして性格づける。彼にとって理想的な友情とはあくまでも自律した男性同士の関係なのだ。それに対して女性は自律的ではなく、依存的であり、他律的である。それが彼の前提なのである。

ただしこのことは、友達と喜びを共有することも避けるべきである、ということを意味するわけではない。その場合には取るべき振る舞いはむしろ反対になる。アリストテレスによれば、「幸運に際して友がかたわらにいてくれるということは、時を過ごすことを楽しくしてくれる」のであり、「幸運の折には友人を積極的に招くべき」である。[*12]

「友情の哲学」の誕生

アリストテレスの友情論の最大の特徴は、友情を「私」と「もう一人の自分」との関係として捉え直した点にある。私たちは、他者と友達になるのだとしても、結局のところ他者を介して自分自身と関わっているのであり、それが他者に依存していることにはならない。このような神業的なロジックを作り上げた点にこそ、アリストテレスの友情論がその後の歴史に大きな足跡を残した所以《ゆえん》がある。そして、それが「友情の哲学」の源流となったことは、疑う余地がない。

　私たちはこのアリストテレスの友情論のうちに、伝統的な友情観の原型を見ることができる。次の章に進む前に、その特徴を次のように抽出しておこう。

　第一に、彼の友情論は、人間は自分自身と友達になれる、ということを前提にしている。つまり、自分の善良さが何であるかを「私」が把握することができ、それを発揮するための最善の活動をすることができる、と考えられている。言い換えるなら、自分のなかに、自分でも知ることのできないような、隠された自分がいるという発想が、そこにはない。彼にとって「私」とは未知の存在ではない。

　第二に、アリストテレスは、「私」に備わる善良さは、基本的に変化しないものであると考えている。もちろん、それが活動によって発揮されるか否かは、私たちがどのように活動するかにかかっている。しかし、それとは別に、善良さが時間の経過とともに消滅したり、あるいは劇的に変化したりすることはない。人間には不変の本質のようなものがあり、それを根拠にするからこそ、安定した友情関係を築くことができるのである。

第三に、アリストテレスにとって、友情が完全か不完全であるかを区別するのは、その関係性の安定性、言い換えるならその関係性がどれだけ長く継続しているのか、ということである。快楽に基づく友情、有用さに基づく友情が不完全であるのは、快楽や有用さが付帯的な価値であり、時間の経過とともに変化しうるからだ。それに対して、不変の価値である善良さを根拠にするからこそ、善良さに基づく友情は簡単には解消されず、したがって完全であると評価される。そしてそれは、裏を返せば、解消されてしまった友情、終わってしまった友情は、不完全な友情であったと評価される、ということを意味する。

第四に、アリストテレスは自律に非常に高い価値を置いており、その一方で他者への依存に対しては非常に厳しい評価を与えている。もちろん、他者に依存することがしばしば望ましくない結果をもたらすことは事実だろう。しかし、人間であれば、誰であってもある程度は他者に依存しているはずだ。誰の助けも借りないで生きていける人間など存在しない。そうした可能性が、アリストテレスの友情論ではほとんど評価されていない。したがってそこでは、苦しんでいる友達への共感、助けを必要とする友達へのケアが、その手を差し伸べられる側にとって恥ずべき事態として論じられている。

第五に、ここにはジェンダーに対する極端な見方が潜んでもいる。アリストテレスは、男性こそが自律的であり、女性は他律的であると考えている。しかし、現代の視点から考えるなら、このような発想は到底受け入れられないだろう。女性であっても自律的な人はいるし、男性であっても他律的な人はいる。そしてその際、自律的な女性が「男性的」であるとか、他律的な男性が「女性的」であるとか考えることは、容認されえない。

このように彼が考えているとき、奴隷を所有する男性だけが市民になることを許された、古代ギリシャの公共空間が念頭に置かれていることは、明らかである。では、その後の時代を生きた哲学者たちは、彼の友情論をどのように受け継ぎ、書き換え、乗り越えようとしたのだろうか。私たちはその軌《き》跡《せき》を辿る旅の、出発点に立ったのだ。

＊1　Svenja Wiertz, *Freundschaft*, De Gruyter, 2020, S. 22.

＊2　東浩紀『ゆるく考える』二〇五頁（河出文庫、二〇二一年、原著二〇一九年）

＊3　同前、二〇七頁

＊4　同2

＊5　アリストテレス『ニコマコス倫理学（下）』一八四頁（渡辺邦夫・立花幸司訳、光文社古典新訳文庫、二〇一六年）

＊6　同前、三九頁

＊7　同前、二〇〇頁

＊8　同前、二九〇-二九二頁

＊9　同前、三二七-三二八頁。傍点は原文。

＊10　同前、二九四頁

＊11　同前、三四二頁

＊12　同前

第二章
友達のための嘘は許されるか
——カント

ARISTOTLE
IMMANUEL KANT
FRIEDRICH WILHELM NIETZSCHE
SIMONE WEIL
SIMONE DE BEAUVOIR
MICHEL FOUCAULT
ALASDAIR MACINTYRE

——友情とは、二つの人格が
相互に等しい愛と尊敬とによって結合することである。

イマヌエル・カント

IMMANUEL KANT

（1724〜1804）

アリストテレスは伝統的な友情観の原型を描き出した。ただし、友情を自律性に基づく関係性として捉えるなら、その友情論に疑問を差しはさむこともできる。

彼の考えに従うなら、私たちは自分と同じような人間と、善良さに基づく友情を交わすことになる。私たちは、自分の善良さを共有する人に、自然と惹かれていく。しかし、そうであるとすれば「私」には、自分が友達として好きになる人を、自分で選ぶことができない、ということになる。なぜなら、「私」に自分の善良さを選択することはできず、だからこそ自分が誰に惹かれるのかも選択できないからだ。

「私」には、自分が何者であるかを、生まれる前に自分で決めることはできない。生まれたときに自分に与えられた条件のなかで、自分にとって最善の仕方で活動することはできる。しかし、その条件そのものを選択することはできないのだ。

そのように考えるなら、アリストテレスの友情論において、「私」は依然として完全に自由というわけではない。それに対して、彼とは別の仕方で自律性を理解し、完全な自由に基づく友情を説明しようとした哲学者が、月日を隔てて現れる。近代ドイツの哲学者イマヌエル・カントだ。

本音を言える友達

友情の理想的な姿とは何だろうか。そう問われたとき、多くの人は、こう答えるのではないだろうか。すなわちそれは、本音を言い合える関係である、と。

内閣府は、二〇二二年に発表された『「子供・若者総合調査」の実施に向けた調査研究（令和3年度）』のなかで、子どもの自己肯定感に周囲の人間関係がどのような影響を与えるかを調査している。それによると、自己肯定感の高い子どもと、自己肯定感の低い子どもとの間で、大きく差が開く要因の一つが、友達に「本音を話せる」か否か、だという。すなわち自己肯定感が高い子どもほど、友達に本音を話すことができ、自己肯定感が低い子どもほど、話すことができないという[*1]。

両者の間の因果関係はわからない。本音を話せるから自己肯定感が高いのかも知れないし、自己肯定感が高いから本音を話せるのかも知れない。いずれにしても、本音を話せる友達がいることは子どもの精神状態にとって望ましい状況である、ということは変わらないだろう。

本音を話すことができない、ということは、空気を読んで同調してしまうということだ。

「本音」はしばしば「建前」の対概念として語られる。空気を読んでしまう子どもたちは、子どもたちなりに、建前ばかりを話しているのかも知れない。実際に、大人たちのコミュニケーションも建前ばかりなのだから、そうした子どもを非難することなどできないだろう。

しかし、そもそもなぜ、私たちは他者に本音を言えなくなってしまうのだろうか。

カントは人間をあくまでも社交的な存在であると考えていた。人間は、その本性において、人と話すことが好きだし、人と関わりたいと思っている。そして、それだけではなく、自分が抱えている秘密を「他人にうち明けたい」という強い欲求を持ってさえもいる。私たちはそうした秘密を共有できる人を求めているのだ。[*2]

一方で、自分の秘密を打ち明けることは危険なことでもある。なぜなら、もしも相手が「私」の秘密を悪用すれば、「私」は非常に困った立場に陥るかも知れないからだ。その可能性を考えれば、誰彼構わず秘密を話すことはリスクである。カントは言う。「他人が自分の考えを知り、これを悪用するかもしれないと危惧して、窮屈に警戒しながら、自分の判断（とくに、他人に関する）の大部分を自己自身のうちに秘めておかねばならない」[*3]。

つまり人間は、他者とのつながりを求めるにもかかわらず、その欲求を封印し、押しとどめなければならない。ここに人間の根本的な矛盾《むじゅん》がある。この矛盾は私たちを苦しめ、苛《さいな》む。それを乗り越えるために求められるものが、本音を話すことができる友達に他ならない。

　こうした観点からカントは友達を、「そのひとのところでは上述のような危険をまったく心配しなくてもよく、全幅の信頼を寄せてそのひとに胸中をうち明けることができ、そのうえにまた、そのひとが事柄を判断するのに、かれと同じ仕方でする」と確信できるような人、そうした「一人の理解あるひと」と定義している。[*4] 彼にとって友達の条件があるとすれば、それは何よりもまず、口が堅いことなのだ。

　アリストテレスと同様に、カントもまた、人間には友情が必要だと考えている。しかしその理由は少し違う。カントにとって重要だったのは、私たちが、その本性において人と関わることを求めるにもかかわらず、誰にも本音を話すことができないという、矛盾を乗り越えるということだ。だからこそ、本音を話せる友達がいることは、私たちにとって幸福なのだ。

　カントは次のように説明する。

> かれ［本音を話せる友達がいる人］は自分の考えに関して、牢獄にいるかのように、まったく孤独なのではなく、群衆の中では得られない自由を享受している。群衆の中では自己自身のうちに閉じこもらざるをえないからである。[*5]

（『人倫の形而上学』、［　］は筆者が補足）

言い換えるなら、本音を話せる友達がいなければ、人間は「孤独」であり、自分自身のなかに「閉じこもらざるをえない」ということである。それはあたかも「牢獄」に囚われているかのようである。このようなカントの説明は、本音を話せる友達の有無と、自己肯定感との因果関係を、見事に裏付けるものではないだろうか。

友達への信頼

もっとも現代の問題は、友達に対してさえも本音を話すことができない、という点にあるのかも知れない。つまり、本来なら友達には本音を話せるはずなのに、その友達との間でも空気を読んでしまっている、ということだ。

援助交際の研究で知られる社会学者の宮台真司《みやだいしんじ》は、二〇〇〇年の前後で若者の友情のあり方が変質したと指摘している。二〇〇〇年代以前、援助交際をしている少女は、親友に対して自分が援助交際をしていることを話し、秘密を共有していた。言うまでもなくそれは、秘密を話したとしても親友がそれを受け止め、ともに秘密を守ってくれるという信頼があったからである。それに対して、二〇〇〇年代以降、少女たちは親友に対してさえもそうした秘密を黙するようになったという。

あるとき、宮台が「君たち、親友同士なのに、なんで打ち明けないのかなあ」と尋ねると、少女は「親友同士だから打ち明けないんですよ。親友だからどう思われるか気になるじゃないですか」と返答したという[*6]。

宮台は、このような現代の友人関係にみられる相互不信の背後に、情報通信技術の問題を指摘する。当時、「プロフサイト」と呼ばれるインターネット上の掲示板が流行しており、そこに自分のことを書かれることを恐れるがゆえに、若者は友達と秘密を共有することができなかったという。

今日ならＳＮＳがその役割を引き継いでいることになるだろう。ＬＩＮＥで書いたことはスクショされ、自分の知らないところで出回ってしまうかも知れない。それを恐れて、ＬＩＮＥで本音を書いて送ることはできない。筆者も学生からそうした声をよく聞く。

このような不安があれば友達に本音を話せないのは当然である。しかし、カントの立場に従うなら、本音を話せない友達は本当の友達ではない。それでは、友達に本音を話すために求められる条件とは、いったい何なのだろうか。

カントによれば、それは、友達が決して自分を裏切らないと信じられることである。当たり前と言えば当たり前だが、彼はそこに、友達が果たすべき**「義務」**があると考える。すなわちそれは、「自分に伝えられたその秘密を、どんなに信頼できると考えられても、他人には当人からの明白な許可なしに伝えてはならないという義務[*7]」に他ならない。誰かと本当の友達になるためには、そうした義務を果たさなければならないし、また、相手がそうした義務を果たしてくれると信じられるからこそ、私たちはその人と友情を交わすことができる。

このような表現は人を当惑させるかも知れない。「義務」などという言葉を聞くと、まるで法律のように、私たちに対して外側から強制的に押し付けられるルールのような印象を受けるからだ。そうしたルールなど関係なく、自由に互いを思いやる関係が本当の友情なのではないか。本当に友達のことを大切に思うのなら、そんな義務など課せられていなくても、人間は友達の秘密を部外者に暴露したりなどしないのではないか。

しかし、カントの考えでは、人間はそんなによくできた存在ではない。友達の秘密を握ってしまったら、私たちはついそれを誰かに話してしまいたくなる。たとえば飲み会の席で、友達の秘密を暴露すればその場の話題を独占し、注目を集めることができるとき、そうした誘惑は非常に強力なものになる。

　このように秘密を暴露したいという思いに駆られるのは、私たちがそれを**「欲求」**するからである。人間は誰だってそうした欲求を抱いてしまう。ただし、だからといって、「私」が友達を蔑《ないがし》ろにする性格の悪い人間である、というわけではない。むしろ欲求は——ここがカントの哲学のポイントだ——「私」に対して強制的に作用するのであり、「私」が本当は望んでいないことへと、「私」を駆り立てるものなのだ。この意味で欲求は「私」から自由を奪うものなのである。

　欲求が自由を奪う。これは一見すると矛盾した表現のように思われるかも知れない。なぜなら一般的に、欲求を叶えることこそが、自由を実現すると考えられているからである。しかし、カントはそうした立場を取らない。むしろ欲求は人間を不自由にするのである。

義務と自由

　欲求が人間を不自由にする。それはどういうことだろうか。別の例を使って考えてみよう。たとえば「私」が空腹になって、ハンバーガーを食べたいと欲求したとする。このとき、実際にハンバーガーショップに行って、ハンバーガーを買って食べることができれば、「私」は自分の欲求を叶えることができる。

しかし、そもそも「私」は、空腹になること自体を自分で望んでいたわけではない。空腹を満たすためにハンバーガーショップに行くか否かは、自分で選択することができる。だが、そもそも自分が何かを食べたいと思うということを、自分で選択したわけではない。つまり食欲という欲求は、この意味で、「私」が自分で選んだものではなく、自分の意に反して強制されたものなのだ。だからこそ、食欲に従って行為することは、自分で選んだわけではないものに支配されることを意味する。つまりそれは**「他律的」**に行為することである。

これと同じことが、友達の秘密を暴露したい、という欲求にも言える。私たちは飲み会の席でつい注目を集めたいと欲求する。しかしその欲求は、「私」が自分で選んだものではなく、「私」に対して強制的に課せられたものに過ぎない。だからこそ、この欲求に従って友達の秘密を暴露するという行為は、自分の自由を放棄すること、他律的に行為することを意味するのである。そして、そうした他律性を乗り越えるためには、欲求とは異なる行動原理によって、つまり義務に従って行為することが必要である。

そうであるとすると、友達に本音を言えるためには、その友達がこうした欲求に抵抗することができる、という信頼が必要である。カントは、このように欲求に屈することなく義務に従って行為することを、**「自律性」**と呼ぶ。そして、自律性こそが人間の自由に他ならない。

　では、私たちが従うべき義務とはいったいどのようなものなのだろうか。友達の秘密を暴露してはならない、ということは、一つの義務である。義務は、それが欲求を乗り越えさせるものである以上、欲求から導き出されるものであってはならない。では、義務はどこにその根拠を持つのだろうか。ここからがカント哲学の難解な部分ではあるが、できるだけ簡略化して彼の論理を再構成してみる。

　義務とは一つの規範である。規範には大きく分けて二つの種類がある。一つは、「私」に対して、あるいは特定の人々に対してだけ当てはまる規範であり、もう一つは、すべての人々に当てはまる規範である。前者は特定の人々を特別扱いする規範であり、後者はすべての人々に等しく当てはまる規範である、と言える。後者は、やや形式的な言い方をするなら、普遍的な妥当性をもった規範である、と表現することもできる。

　たとえば、「私以外の人は嘘をついてはいけない」という規範について考えてみよう。この規範は、自分を特別扱いする規範だろうか、それともすべての人々に等しく当てはまる規範だろうか。明らかに前者である。もしも「私」がこの規範に従って行為するなら、「私」以外のすべての人は正直なのに、「私」だけは嘘をつくことができるのだから、きっと「私」は多くの利益を享受することができるだろう。では、この規範は「私」を自由にしていると言えるだろうか。

「私」が自分の利益を追い求める、ということは、「私」が自分の欲求に支配されていることを意味する。欲求は人間を不自由にする。そうである以上、この規範が「私」を自由にしているとは言えない。自分だけを例外扱いする規範を望むとき、「私」は依然として自分の欲求の奴隷になっているのであり、他律的に生きていることになるからである。

したがって、自律的な人間が従うべき義務とは、すべての人々に等しく当てはまる規範でなければならない。たとえば、先ほどの嘘の例でいうなら、自律的な人間が従うべき規範は、「嘘をついてはいけない」と定式化されなければならない。自分だけを例外扱いしてはいけないのだ。

整理しよう。人間には本音が言える友達が必要である。友達に本音を言えるためには、友達が自律的であることを信頼できなければならない。人間が自律的であるためには普遍的な義務に従うことができなければならない。したがって、そうした義務に従って行為できる人間同士が、真の友情を交わすことができる、ということになる。「友達の秘密を暴露してはいけない」という規範もまた、こうした道徳的な義務の一つなのである。

愛と尊敬

カントは、このように相手に対して本音を言うことができる関係を、**「道徳的友情」**と呼ぶ。それは、互いに欲求に対して抵抗することができ、普遍的な義務に従って行為することのできる者同士の、友情である。

前章で紹介したアリストテレスは、友情を愛によって結びつくものとして捉えていた。しかし、私たちが何を愛するかは、私たちには決められない。したがって愛だけでは友情を完全に自律的にすることはできない。それに対してカントは、友情を成り立たせる感情として、愛とともに**「尊敬」**を挙げている。道徳的友情とは、愛と尊敬によって形成される関係性なのだ。

もしかしたら、愛と尊敬はよく似た概念であるように思われるかも知れない。しかし、カントにとって両者はまったく異なる概念である。

愛とは、他者の目的を、「私」の目的とする感情のことである。要するに、相手のことを自分のことのように思う、ということだ。他者が喜ぶことを「私」も喜び、他者が悲しむことを「私」も悲しむ。そのように他者に共感する、あるいは同情することが愛に他ならない。他者を愛するということは、他者が「私」から区別された、「私」と無関係な人物であると見なすことではなく、他者を「私」とある意味で同一視することなのである。

カントは、こうした意味での愛を**「引力」**に喩《たと》えている。すなわちそれは「私」と他者の間にある隔たりを解消しようとする働きであり、互いに近づき、できることならば一つになろうとすることなのである。

これに対して尊敬は、他者を「私」の目的のための手段として利用することはできない、という感情のことである。カントは、どのような人間も単なる手段として扱われてはならない、と考えた。それが人間の尊厳である。そうした尊厳を尊重することは、他者を自分の道具や駒にすることを、自分に禁じることに他ならない。

なぜ、人間には尊厳があるのだろうか。カントによれば、それは、人間が自律的な存在だからである。人間以外の動物は、衝動的な欲求に従って生きているだけであり、不自由である。それに対して人間は、道徳的な義務に従うことができ、その点で自律的であり、自由である。この自由こそが人間の尊厳の根拠なのだ。

したがって、他者を尊敬するということは、他者の自律性を尊重することに等しい。そしてそれは、他者が自分の思い通りにならないということ、他者には「私」が侵すことのできない自由があるということを、認めることである。それは、ある意味では、他者を「私」から隔たったものとして受け入れることでもあり、「私」と他者の間に距離を維持することを意味する。このような観点から、カントは、尊敬を**「斥力《せきりよく》」**に喩えている。斥力とは、二つの物体が遠ざけ合う力に他ならない。

前述の通り、友達の秘密を暴露しない、という規範は、友情に課せられる一つの義務である。このような義務に従って行為できる人間を、私たちは尊敬する。飲み会の席であっても、決して友達の秘密を語らない人は、それだけで尊敬に値するのだ。そして、そのように尊敬するからこそ、「私」はその人間を道具のように扱ってはならないと感じる。そうした尊敬がなければ友情は成立しないのである。

カントによれば道徳的友情は、こうした、引力としての愛と斥力としての尊敬が均衡《きんこう》することによって、成立する。彼は言う。「友情（その完全性においてみられた）とは、二つの人格が相互に等しい愛と尊敬とによって結合することである」[*8]。これこそカントの考える理想的な友情に他ならない。

　カントはアリストテレスの友情論をどのように訂正したのだろうか。それは、友情が愛だけでは成り立たない、としたことだろう。なぜなら愛は自由ではないからである。私たちは、ただ相手を愛しているだけでは、依然として欲求に従っているし、他律的かも知れない。そして、そのように自分の感情に無抵抗でいるなら、状況が変われば、友達の秘密を暴露したいという欲求にも勝てなくなり、それによって友情を破綻《はたん》させてしまうかも知れない。だからこそ、友情には欲求に抵抗する力、愛に抵抗する別の力が必要なのだ。それが、相手の自律性を尊重するということ、すなわち友達への尊敬なのである。

　この意味において、カントは友情が自律的な関係であるという伝統的な友情観を、根本的にアップデートしたと言えよう。

友達への諫言

　友達の自律性を尊重する、ということは、決して友達のわがままを許すということではない。むしろ、友達が欲求に振り回されているのなら、そうした状況を乗り越えられるよう、友達に手を貸すことも必要になるはずだ。
冨樫《とがし》義博《よしひろ》の漫画『HUNTER×HUNTER』のなかに、私たちはそうした友情の姿を見出すことができる。

物語の主人公のゴン＝フリークスとキルア＝ゾルディックは、ともに「ハンター」として世界を冒険する親友である。あるとき、ゴンの師匠が敵対する勢力に拉致され、人格を改造されてしまうという事件が起きる。師匠を助けるために、ゴンとキルアは結託して敵対する勢力のアジトに乗り込み、幹部へと迫る。師匠を元に戻すためには、その幹部を生け捕りにしなければならない。しかし、いざ相手を前にすると、自分の師匠を傷つけられたゴンは、冷静さを失ってしまう。激情に駆られ、その幹部を殺害しそうになる。

一方、キルアは努めて冷静を保ち、ゴンを諫《いさ》める。すると、ゴンはキルアに対して、次のように突き放す言葉を口にする。

キルアは……いいよね
冷静でいられて
関係　ないからっ

この言葉を聞いたキルアの顔は、哀しみに硬直する。彼の心は引き裂かれる。あるいは、いっそのこと、ごめんと謝ってしまいそうになったのかも知れない。しかし、彼は冷静さを取り戻し、自分たちが本当にするべきことを思い直す。目に光が宿り、再びゴンに苦言を呈する。

てめーがテンパッてるから言ってやってんだろうが
自分で最初に言ったの忘れたのかよ
カイトを取り戻すんだろ!!　しっかりしろよてめェ!!

この場面は、キルアの心の動きを、わずか数コマで、言葉を使わずに見事に表現している点で、この作品の中でも屈指の名シーンである。激情に駆られたゴンは、自分が本来果たすべきことを完全に見失っており、その意味で他律的だった。だからこそ、キルアはゴンを諫め、彼が自律性を取り戻せるように促した。それは、一面では、ゴンのしようとしていることに口を出し、彼の行為を制限しているように見える。しかしキルアは、あくまでもゴンの

冨樫義博『HUNTER × HUNTER』㉖／集英社

自律性を尊重するために、そのように諫言《かんげん》している。

キルアにとってゴンを諫めることは決して簡単なことではなかったはずだ。彼は、自分がゴンから突き放されること、ゴンから嫌われることを、覚悟のうえで苦言を呈したのである。もしもキルアが、単にゴンに愛着しているだけだったら、彼はゴンに謝ってしまっていたかも知れない。あるいはゴンがその場で敵の幹部を殺害することを、黙認してしまったかも知れない。しかし、ゴンの人格を尊敬していたからこそ、彼はゴンに語りかけることができたのだ。

友情には、愛だけではなく、尊敬もまた必要である——こうしたカントの洞察は、友達に対する勇気ある諫言を可能にする発想ではないだろうか。

友情の繊細さ

ただし、こうした友達への諫言が、いつもうまくいくとは限らない。むしろカントは、それがしばしば友情を壊してしまう要因にすらなる、と考えていた。

たとえば、友達がダイエットをしているのに、つい誘惑に負けてスナック菓子を食べてしまったとしよう。このとき、あなたはその友達に、お菓子を食べるべきではなかったと指摘するべきだろうか。それとも何も言うべきではないだろうか。

本音を言い合える関係が友情なのだから、率直に友達を批判するべきかも知れない。しかし、カントによれば、このように良かれと思って友達の欠点を指摘することは、友情を傷つけることになる。なぜなら、そのように欠点を指摘された友達は、自分が相手から尊敬されていないように感じるからだ。ダイエット中なのにスナック菓子を食べてしまった友達は、自分の欲求に負けてしまったのであり、それを指摘された以上、もはや自律的ではないと見なされていることになるのである。

もっともこのことは、愛されてすらいないと感じさせる、ということを意味するわけではない。その友達は、たとえ欠点を指摘されても、自分が愛されているとは思うかも知れない。しかし、愛されているからといって、尊敬されているとは限らない。それは別のことなのである。前述の通り、愛と尊敬の均衡が崩壊すれば友情は成立しなくなる。だからこそ、友達が何らかの欠点を抱えていても、あえてそれを指摘すべきでないときもある、とカントは主張する。[*9] もしかしたら、彼自身もそうした失敗をして、友達を失ったことがあるのかも知れない。

第一章で述べたように、アリストテレスは善良さに基づく友情を理想とした。なぜそれが理想的かといえば、その友情がもっとも安定して持続するからである。それに対して、カントが理想とする道徳的友情は、アリストテレスとはまったく反対に、常に崩壊の危機に瀕した、極めて不安定な関係である。カントは次のように述べる。

――友情には、一つの人格へと融合してしまうほどの親密さで互いに所有し合うという甘美な感覚が伴うものの、やはり同時に、きわめて繊細なところ（teneritas amicitiae 友情の脆弱）もあるので、もし友情を感情に基づかせて、このような相互の共鳴と恭順に原則を与えず、あるいは、敬意の欠如を防止したり、相互愛を尊敬の要求によって制限したりする規則を与えないならば、友情の断絶は一瞬たりとも防ぎようがない。[*10]

（『人倫の形而上学』）

一方において、彼は本音を言い合える関係を理想的な友情としながらも、他方においてその関係は繊細であり、お互いに対する配慮を必要とする、と考えている。本音を言い合えるということは、決して、相手を無下に扱ってよい、ということではない。相手に対して何を言っても許されるということではない。そこを勘違いすると、友情は簡単に崩壊してしまうのだ。

友情と道徳のどちらを取るか？

前述の通り、カントは友情が義務に基づくと考えていた。この義務は、もっと厳密に言うなら、道徳的な義務である。つまり友情とは道徳的に行為できる人間同士の関係なのである。しかし、そうであるとしたら、私たちに次のような疑問が生じたとしても不思議ではない。すなわち、友情と道徳が衝突したとき、私たちはどちらを取るべきなのか、ということだ。カントはある有名な思考実験を残している。わかりやすくするために、少し現代風にアレンジして紹介しよう。

ある日、あなたの家に友達がやってくる。その友達は、「男に殺されそうになっていて、追われている。君の家に匿《かくま》ってほしい」とあなたに言う。その友達は息を切らし、顔面蒼《そう》白《はく》になっている。あなたはもちろんその友達を家の中に匿う。友達はあなたの家の風呂場に入り、電気を消して息をひそめる。

その少し後に、インターホンが鳴る。あなたはドアを開けて訪問者の姿を見る。その訪問者は見たことのない大柄な男だ。なにやら物々しいリュックを背負っている。あなたは「はい、どなたですか」と応答する。するとその男はこう言う。「この家にさっき人がこなかったか」。あなたはその訪問者が友達を追ってきた殺人犯だと確信する。

さて、ここからが問題だ。このときあなたはどのように対応するべきだろうか。あなたには様々な選択肢が開かれているが、大きく分ければ二つだろう。すなわち本当のことを言うか、嘘を言うか、である。

本当のことを言えば、「その人は今お前の家のなかにいるのか？」と、男はさらに聞いてくるかも知れない。それでもさらに本当のことを言えば、その男は家の中に押し入って、あなたの友達を殺すかも知れない。あるいは、もっと悪ければ、あなたをその場で殺してしまうかも知れない。したがってこの状況で本当のことを言うのはどう考えても危険である。

それに対して、「そんな人は来ていない」とか「その人なら向こうの道に歩いて行った」などと嘘をついてしまえば、いったんその場の危機をやり過ごすことができるだろう。友達だけではなく、あなたも助かることになる。

このとき、あなたはどちらの選択肢を取るべきだろうか。

前述の通り、嘘をつくことは道徳的な義務に反する。しかし嘘をつかなければあなたは友達を守ることができないかも知れない。ここでは一見して友情と道徳の衝突が起きているように思える。そして多くの人は嘘をついて友達を助けることを選択するだろう。筆者が授業でこの話をすると、学生のほとんどは嘘をつくことを選ぶ。

ところが、カントの答えはそうではない。すなわち彼は、私たちはあくまでも道徳的な義務を守るべきであり、その場で本当のことを言わなければならない、と考えるのである。[11]

そんなことをしたら殺人犯は家のなかに押し入ってきて、友達を殺してしまうかも知れない。あるいは何かの奇跡が起きてその事態を避けられたとしても、その後で友達から責められ、友情は結局解消されてしまうかも知れない。当然そのように推測したくなる。ところが、カントの友情論に従うなら、そのようには考えられない。なぜか。

それはカントがあくまでも友情を自律性に基づく関係性として捉えているからだ。自律性とは欲求に抗えるということである。もしも殺人犯に対して嘘をつくなら、それは「私」が友達を失いたくないという欲求に抗えなかった、ということを意味する。しかし、欲求に支配されることは、カントにとっては他律性なのだ。そのような人間は尊敬に値しない。したがって嘘をつけば、道徳に反するだけではなく、友情の基礎もまた掘り崩すことになるのである。

もし、その場で嘘を言って殺人者を追い返したとしたら、カントの想定に従うなら、隠れていた友達は風呂場の扉を開け、あなたにこう言うかも知れない。「君は私を守るために嘘をついたんだね。私を守ろうとしてくれたことは嬉しい。でも、君は嘘をつくべきではなかった。そして、そんな風に意志の弱い人を、私は信じられないし、尊敬もできない」。あまり考えられないことだが、理屈の上ではそうなるだろう。

では、本当のことを言って殺人者を家に招き入れることが、友達としてふさわしい行為なのだろうか。もちろんそんなことはない。なぜなら「私」には、本当のことを言って、なおかつその殺人者が友達を殺害することを阻止することができるからだ。

たとえば、本当のことを言ったうえで追い返せばいいのである。「ええ、さっき人が来ましたよ。でもあなたを私の家には入れません。帰ってください」と。もちろん。もしかしたらその殺人者はあなたに殴りかかるかも知れない。それなら戦うしかない。あなたも相手を殴り返すしかない。嘘をつくことは道徳的な義務に反するが、友達を守るために戦うことは義務に反しない。カントの友情論に従うなら、それが友達にふさわしい行為である、ということになるだろう。

「私」と友達の同質性

これまでカントの友情論を概観してきた。改めて、アリストテレスと対比する形で、その要点を整理してみよう。両者が鋭く対立する点は、大きく分けて二つある。

第一に、アリストテレスが友情を愛によって結びつく関係として捉えたのに対して、カントは尊敬も必要であると考えた。すなわち、愛は、ただそれだけではむしろ友情を破綻させてしまうのであり、尊敬によって制約されなければならない。したがって友情は愛と尊敬の均衡によってはじめて成立するのである。

第二に、そうした愛と尊敬によって成立する関係は、不安定である。アリストテレスは、もっとも安定して持続する関係として、善良さに基づく友情を理想として説明したが、カントが理想とする道徳的友情は、むしろ不安定であり、壊れやすく、繊細である。だからこそ私たちは友達との関係に気を配り、常に相手との関係性を配慮する努力をしなければならない、ということでもある。

このように多くの点で対立するアリストテレスとカントであるが、一つの重要な点では一致している。それは、友情の根幹に自律性を据えている、ということだ。自分のことを自分で制御できる人、他者に依存することなく生きていける人が、他者と友情を交わすに値する人間である。この点では、カントは依然としてアリストテレスと連続している。

しかし、カントの考える自律性は、アリストテレスの考えていたそれよりも、はるかに厳しく、徹底されたものである。なぜなら彼にとって、愛はもはや自律性の証ではないからである。もちろん、他者のことを愛していなければ、その他者と友達になる必要はない。カントにおいても愛は友情に欠かすことができないものだ。しかしそれは、自律性に根差す尊敬によって、統制され、支配されなければならない。友達をどれだけ愛しているのだとしても、尊敬がそこに歯止めをかけ、手綱を引かなければならないのだ。

カントの友情論は、伝統的な友情観を極端な先鋭化として理解することができるだろう。そしてこうした先鋭化は、伝統的な友情観に内在する一つの一貫した傾向を浮かび上がらせる。それは、「私」と友達が同じような存在として捉えられていること、すなわち両者の間に同質性が想定されている、ということである。アリストテレスであれば、「私」にとって友達とは「もう一人の自分」であり、「私」と同じ善良さを共有する人間であった。カントであれば、「私」と友達はともに自律的な存在であり、欲求に抵抗できるという意味で、やはり同じ存在である。「私」が他者と友達になるとき、それが善良さであれ、自律性であれ、「私」と他者は同質的である。そしてそのことを「私」は認識することができるし、確信することができる。このようなことが、伝統的な友情観には前提にされているのである。

*1　内閣府『「子供・若者総合調査」の実施に向けた調査研究（令和3年度）』二〇二二年、https://www8.cao.go.jp/youth/kenkyu/sougou/r03/pdf-index.html（二〇二二年一一月一〇日閲覧）

*2　イマヌエル・カント『カント全集 11 人倫の形而上学』三六三頁（樽井正義・池尾恭一訳、岩波書店、二〇〇二年）

*3　同前

*4　同前、三六四頁

*5　同前

*6　宮台真司『日本の難点』五七頁（幻冬舎新書、二〇〇九年）

*7　同4

*8　同前、三六〇頁。傍点は原文。

＊9　「道徳的に考えれば、あるひとがその友人に対しその欠点を気づかせるということは、むろん義務である。なぜなら、そうすることがそのひとのために一番よいのであり、それゆえ、愛の義務だからである。しかしその友人は、この愛の義務のうちに、自分が相手に期待していた尊敬の欠如をみる。しかもかれは、自分がすでに相手の尊敬を失ってしまっているか、あるいはまた、相手から観察され、ひそかに批判されてもいるので、尊敬を喪失する危険にいつもさらされているかを知るのである。そして次には、自分が観察され、あら探しされているようであること自体すでに、かれにとってそれだけで侮辱的であるように思われてくることであろう」（同前、三六一 - 三六二頁）

＊10　同前、三六二 - 三六三頁

＊11　嘘をめぐるカントの思考実験は、彼が晩年に発表した著作『人間愛から嘘をつくという、誤って権利だと思われるものについて』において提示されたものである。ただし、この著作では友情論そのものが問題になっているのではない。本章における、嘘をめぐる議論と、彼の友情論との接続は、筆者による解釈である。

第三章
友達とわかり合うことができるか
――ニーチェ

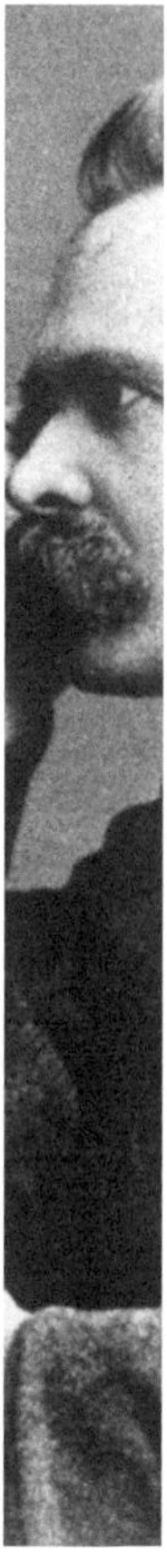

ARISTOTLE
IMMANUEL KANT
FRIEDRICH WILHELM NIETZSCHE
SIMONE WEIL
SIMONE DE BEAUVOIR
MICHEL FOUCAULT
ALASDAIR MACINTYRE

――たとえわれわれが地上では互いに敵とならざるをえない場合にも、なお星の友情を信じることにしよう。

フリードリッヒ・ニーチェ

FRIEDRICH WILHELM NIETZSCHE

（1844〜1900）

第一章で取り上げたアリストテレス、そして第二章で取り上げたカントは、ともに、私たちが自分と同じような人間と友達になる、と考えていた。友達同士の間に同質性があるからこそ、私たちは言葉を交わさなくても友達のことを理解できる。このように、友達同士が互いを「わかり合う」ということは、現代においても友情の理想的な形と見なされているに違いない。

しかし、それは真実だろうか。私たちには本当に友達とわかり合うことができるのだろうか。そもそも、「わかり合う」とは何を意味しているのだろうか。そして、もしも仮に、私たちが友達とわかり合えないのだとしたら、そこで交わされる友情は偽りになるのだろうか。

こうした問いかけに応答しようとしたのが、近現代ドイツの哲学者フリードリッヒ・ニーチェだった。彼は右に述べた発想をことごとく退ける。すなわち、友情には同質性など不要だし、私たちには友達とわかり合うことなどできない。しかし、それでもそこに友情は成立しうるのだ。

なぜ、そう言えるのだろうか。本章では彼の友情論を追跡し、その思索に迫っていこう。

「わかる」とはどういうことか？

最初に問題を整理しておこう。

伝統的な友情観――すなわち、互いに自律した個人の間で交わされる、古代ギリシャに由来する男性的な友情――において、友達同士が互いを「わかり合う」ことができるのは、「私」が自分と似た人間と友達になるからだ。そのように自分と似た人間と友達になるために、「私」は自分が何者であるかを理解しなければならない。「私」が自分のことを理解していなければ、友達が自分に似ていることもまたわからないからである。友達と「わかり合う」ためには自分のことが「わかる」のでなければならない。たとえばアリストテレスは、自分自身と友達になることから、他者と友達になることが可能になる、と考えていたが、それは自分のことが「わかる」からこそ他者のことも「わかる」というロジックである。

それでは、そもそも「わかる」ということ――理解すること、あるいは認識すること――とは、いったい何を意味しているのだろうか。それに対してニーチェは次のように答える。すなわち人間が何かを認識するということは、未知のものを既知のものに置き換えることである。

どういうことだろうか。

たとえば、「私」がドイツに旅行して、そこでシュニッツェルという未知の料理と遭遇《そうぐう》したとする。「私」にとってそれは人生ではじめて出会うものであり、食べてみるまでどんな味かわからない。つまり認識できない。しかし、それを一口食べると、その食感や食材の調理法から、「このシュニッツェルというのは要するにトンカツのようなものだ」と「私」は判断する。このとき、「私」はシュニッツェルという未知の対象を、トンカツという既知の対象に置き換えたことになる。それによって、「私」はシュニッツェルという料理に対する認識を獲得するのである（余談になるが、シュニッツェルは黒ビールとよく合う料理なので、ドイツに旅行された際は是非ご賞味されたい）。

認識するということは、未知を既知に置き換えることだ。そしてそれが意味しているのは、未知のものがもっている新しさを、既知のものによって否定する、ということである。認識することによって、対象は自分がすでに知っているもの、見たことがあるもの、よくある他のものへと変換されてしまう。トンカツとして認識されてしまったら、シュニッツェルの味わいの新鮮さは薄らいでしまうに違いない。そのようにして、認識は対象を陳腐《ちんぷ》なものにしてしまうのである。

このような意味での認識の働きが、シュニッツェルではなく、自分に向けられるとき、何が起きるのだろうか。

「私」が自分を認識するということは、自分のなかにある未知なものを否定し、それを既知なものへと置き換えることを意味する。素直に考えればそうなる。そしてニーチェは、そうした自己認識は必ず失敗する、と考える。なぜなら人間は、そもそも自分が何を考え、何を望んでいるのかを、自分でほとんど意識することができないからだ。ニーチェによれば、人間は、自分でも気づかないままに、様々なことを考え続けているのであり、そこには自分でも意識することのできない未知の部分が潜んでいる。そうであるにもかかわらず、自分のことをわかった気になることは、自分のことを誤解し、それどころか自分を陳腐なものへと貶《おとし》めることを意味するのだ。ニーチェは次のように説明する。

> 「[…]」われわれ各人は、自己自身を個人としてできる限り理解し、「自己自身を知る」ことに努める意欲をもってはいても、結局のところは、自分の中の非個性的なもの、「平均的なもの」ばかりを意識することになる。[*1]

（『喜ばしき知恵』）

このような逆説は、受験や就職活動において、自己アピールをしたり、自己分析をしたりしたことがある人なら、誰でも経験することだろう。他人とは異なる自分のオリジナリティを説明しようとすればするほど、出てくる言葉はどこかで聞いたことがあるようなもの、似たり寄ったりなものになってしまう。ニーチェはすべての人間がかけがえのない存在であり、根本的なオリジナリティを持っていると考える。しかし、それを自分で認識できたと思い込んだ瞬間に、そうした個性は既知の「平均的なもの」に置き換えられ、失われてしまうのである。

しかもそうした自分の個性が、ずっと同じであり続けるとは限らないし、それどころか一つであるとも限らない。人間は、状況の変化によって性格が変わることもあるし、あるいは同時に矛盾する二つの考え方を持ち、それらが自分のなかでせめぎ合うこともある。このような特性もまた、自分を認識しようとした途端に、覆い隠されてしまうのである。

友情は誤解から始まる

人間には、自分でも気づいていない個性があり、その個性は変わりうるものであり、そして多様でもありうる。このような考え方は、人間の人格のうちに、単一で、不変で、誰にでも理解できるような個性があることを否定するものである。人間には自分のことなど認識できない。「私」には自分を誤解することしかできない。そうである以上、「私」が自分と似た他者と友達になろうとしても、「私」はその他者のことも同じように誤解してしまう。こうした発想は、友達を「もう一人の私」として説明したアリストテレスの友情論を、その根本から批判するものである。

このことは、決して、本来なら「私」は他者を理解できるはずなのに、誤解してしまう、ということを意味するわけではない。そもそも私たちには原理的に他者が理解できないのだ。たとえ、「私」がどんなに友達のことをわかった気になっていても、友達には、「私」からは決して見ることのできない、決して知る由もない部分が潜んでいる。ニーチェは次のように述べる。

友人について。——まあ一度君自身を相手によく考えてみるがいい、もっとも親しい知人の間でさえ、どんなに感覚が違うか、どんなに意見がわかれているかを、同じ意見でさえ君の友人の頭の中では君の頭の中とは、どんなにまるでちがった位置や強さをもっているかを、誤解や敵意ある離反へのきっかけが、どんなに多様に現われてくるかを。[*2]

（『人間的、あまりに人間的』）

ずいぶん辛辣《しんらつ》な意見のように聞こえるかも知れない。夢も希望もない、人間らしいやさしさを欠いた考え方のように思われるかも知れない。

しかし、ニーチェの立場に従うなら、本当は友達を誤解しているのに、友達をわかった気になることの方が、はるかに友達に対して失礼な態度ということになる。なぜなら、そのように友達をわかった気になることによって、「私」は友達がもつ未知の部分を否定し、既知のものに置き換えてしまうからである。それによって、友達はどこにでもいる平凡な人、他の人と交換可能な陳腐なものへと貶められる。それはシュニッツェルをトンカツと呼ぶことと変わらない。友達の個性を尊重しているようで、実は否定しているのである。

そしてこのことは、「私」が友達から理解される場面にも当てはまる。「私」は友達から常に誤解されている。「あなたってこういう人だよね」と友達から認識されることがあっても、「私」のなかには、その認識から零《こぼ》れ落ちるものが溢れかえっているからだ。「私」は友達を誤解せざるをえないし、友達も「私」を誤解せざるをえない。友達同士が「わかり合う」などということは、幻想に過ぎない。そうであるにもかかわらず、私たちがわかり合える関係を友情の理想として捉えるのなら、その幻想は、それによって互いの個性を傷つけあい、相手に対する不信感を抱かせるような、息苦しい関係をもたらす。ニーチェの友情論からこのように考えることができるだろう。

では、友達とはわかり合えないという現実に対して、私たちはどのような態度を取ればよいのだろうか。ニーチェは一つの実践的なアドバイスを示している。それは、友達を**「軽く視る」**ということである。[*3]

「軽く視る」ということは、友達を蔑ろにすることではない。そうではなく、友達との相互理解に負荷をかけないようにする、そこに寄りかからないようにする、ということだ。たしかに友達は「私」が理解しているのとは違う人間かも知れない、しかし、そうであったとしても何も問題ではない、そんなことはどうでもよい、という心構えで、友達と関わることだ。

そのような心構えがあれば、友達とわかり合えないのだとしても、それは友情にとって支障にならない。ニーチェの人間観に従う限り、友情とはそうした軽やかな関係として理解されるべきなのである。

愛と同情

ニーチェは同質性に基づく友情を否定する。「私」が他者と友達になるのは、「私」が友達と似ているからではない。では「私」は何を理由に他者と友達になるのだろうか。

アリストテレスもカントも、友情をもたらす感情を、愛のうちに見出していた。では愛とは何か。カントはその一つのあり方として**「同情」**を挙げていた。私たちは、友達が何かに苦悩しているとき、その友達と同じように苦しみ、共感する。友情を成り立たせる愛は、友達への同情となって表れるのである。

ところで同情とは何だろうか。それは、「私」が友達の苦悩を、自分の苦悩のように感じることである。それはある意味において「私」と友達を同一視することを意味する。しかしそうであるとしたら、ニーチェの発想に従う限り、そうした同情もまた誤解に基づくことになるだろう。同情するということは、「私」には本来知りえないはずの他者の苦悩を、あたかも「私」が経験したことのある苦悩であるかのように理解し、わかった気になることを意味するからだ。ニーチェによれば、「他人の苦悩から、真に個性的なものを取り去るというのは、同情という感情の本質に属する」のであり、それは他者の苦悩に対して行われる「上辺だけの解釈」に過ぎないのである。[*4]

たとえばあなたが、一年間付き合った恋人と別れ、それによって深い苦悩に陥ったとしよう。それに対して、友達があなたのそばに近寄ってきて、「うんうん、わかるよ、辛いよね」と言うとしよう。このときあなたの友達は心からあなたに同情しているかも知れない。しかし、あなたはきっと、「お前に何がわかるのか」と思うのではないだろうか。なぜなら、あなたと恋人の関係は、あなたと恋人の間でしか生じないものであり、だからこそそれを失ったことによる苦悩は、あなたにしかわからないからだ。そのときあなたの友達が理解しているのは、「人間は失恋をしたら悲しむ」程度の一般論でしかないかも知れない。しかし、あなたを苦しめているものは一般論ではない。あなたの脳裏には、その恋人と過ごした日々や、一緒に見た景色や、交わした約束が浮かんでいるのであって、そうした具体的な記憶が、あなたに苦悩をもたらしているのだ。

　このように、同情は常に誤解であるが、しかしそれは、単なる誤解よりもさらに性質が悪い。なぜなら同情はその誤解によって、同情されるものから苦悩を解消しようとするからである。苦悩が解消されるならいいじゃないか、と思われるかも知れない。しかしニーチェはそうは考えない。彼によれば、むしろ苦悩には「個人的必要」[*5]というものがあるのだ。つまり、苦悩に陥っている人は、その苦悩を苦しみ抜き、そして自らの力で苦悩を乗り越えなければならない。苦悩は、単になくなればよいものではない。人間には、あるときには、自分の人生のために苦悩と戦わなければならないときもあるのである。

　たとえば、失恋で苦悩しているあなたは、そのことに切実に苦しんでいるし、毎晩眠れなくなり、日常生活にも支障をきたしてしまうかも知れない。しかしその苦悩を苦しみ抜くことは、きっとあなたの人間性を今までよりも深くするだろう。あなたは今までよりも繊細になり、賢くなるだろう。慎重に言葉を選ぶことができるようになり、相手の表情から多くのことを感じられるようになるだろう。同じことが再び起きたとしても、きっと今と同じようには苦しまなくなるだろう。それは紛れもなくあなたにとって成長である。あなたはその苦悩を経由することで、より強く、より深い人間にもなれるのである。

　同情はそうした成長の機会をあなたから奪う。友達はあなたに同情し、毎晩電話に付き合い、居酒屋で朝まで飲み明かしてくれるかも知れない。友達はあなたがその失恋の苦悩と向き合わないように万策を尽くしてくれるかも知れない。それによって、たしかにあなたの気は晴れ、新しい恋に向かって再出発できるかも知れない。しかし、そのときあなたは何も成長しないまま、何も学ばないまま、その苦悩を手放してしまうことになる。そしてその結果、また同じように傷つくかも知れないし、あるいは同じように他者を傷つけるかも知れないのである。

友情を超える理想

同情もまた、友達同士の間の同質性を前提とする。しかしそうした同質性は、実際には、存在しない。だから同情は誤《ご》謬《びゅう》なのだ。友情を成り立たせるものが愛であるとしても、それは同情をもたらすものであってはならない。ではその愛はどのようなものなのだろうか。苦悩している友達を前にして、同情することなく、しかしその友達を愛するということは、どのようにして可能になるのだろうか。

ニーチェは、そうした愛について、次のように説明している。

——しかし場合によっては、持続する愛なるものも世の中には生じうる。二人の人間相互の所有願望が、新たな欲求と所有欲に場所を空け、彼らを超えた理想を目指す共通の気高い渇望に道を譲るようなこともありうるのだ。——しかし、このような愛を知っている者があるだろうか？　このような愛を経験した者があるだろうか。その真の名は、友情である。[*6]

（『喜ばしき知恵』）

すなわちニーチェによれば、友達同士が、単に互いを愛するのではなく、互いにより高い「理想」を目指す関係こそが、「友情」と呼ばれるに値するのだ。

注意するべきことがある。それは、このように友情を成り立たせる「理想」が、あくまでも「彼らを超えた理想」であり、友達同士の関係を成り立たせること自体にあるのではない、ということである。ニーチェにとって友情とはそれ自体で価値があるものではない。友達といつまでも関係を継続することが、友情の理想なのではない。そうではなく友情は、その友情を超える理想へと、友達同士を導くものなのだ——彼はそう考えるのである。

もう少し普通の言葉で言い換えるなら、次のように表現できるだろう。私たちが他者と友情を交わすのは、それによって互いに高め合い、成長するためである。そのように、その他者とともに理想へと近づいていきたい、そう願うことが、友情という名の愛に他ならない。

このような意味で他者と友情を交わすとき、「私」がその友達とわかり合えているかどうか、ということは、そもそも問題ではない。友達がどんな人間であろうが、それは友情にとって関係ない。ニーチェはこのようにして、同質性に基づく伝統的な友情観とは異なる、別の友情の形を提示するのである。

ニーチェの友情論は、裏を返すなら、自分の成長を阻害するような関係を、友情として認めない。だからこそ、互いを同情し合う関係は友情に値しないのである。友達が苦悩しているとき、「私」が本当にその友達を友達として愛しているのなら、その苦悩を肯定し、それを乗り越えようとしている姿を励ますべきだ、ということになるだろう。

それだけではない。ニーチェは、ある時には私たちは友達と敵対しなければならない、とまで言う。なぜなら、人間は敵と戦うことによって、より大きな困難と立ち向かい、成長することができるからだ。彼によれば、私たちが本当に友達のことを愛しているのなら、「友のなかにおのれの最高の敵がいなくてはならない[*7]」。ただしそのことは、決して、敵として戦うために友情を解消しなければならない、ということを意味するのではない。むしろ、「君が彼に逆らうとき、君の心がもっとも彼に近づいていなくてはならない」[*8]のである。

友達と敵対することは、友情を否定することを意味しない。私たちは友達を愛しながら、愛しているがゆえに、友達と戦うことができる。そうした敵対こそが、互いを成長させ、理想へと近づけさせるからである。

ライバルとの友情

友情と敵対を両立するものとして捉えるニーチェの友情論は、かなり異様に聞こえるかも知れない。しかし、私たちの身近なところに、こうした友情観に近しいものを見つけることはできる。

たとえば、岸本斉史《きしもとまさし》の代表作に『ＮＡＲＵＴＯ －ナルト－』がある。この作品は、忍術が発達し、忍者が社会的な地位を持つ架空の世界を舞台にしている。主人公は、「木ノ葉隠れの里」という共同体で、その国の首長になることを目指す少年・うずまきナルトである。彼が様々な困難を解決し、精神的に成長していく姿を描きながら、物語は進んでいく。

ナルトの少年時代からの仲間として、うちはサスケという人物が登場する。陽気で外向的なナルトとは異なり、サスケは人を寄せ付けない影を持っており、内向的である。二人は様々な点で対照的な人物として描かれている。

あるとき、サスケは自分の信念のために里を離れ、テロリストのような組織を作り、各所で暗躍し始める。一方、ナルトは次々と国に襲いかかる敵と戦いながら、忍者として成長を遂げていく。ナルトとサスケは、物語の要所で幾度か遭《そう》遇《ぐう》するが、距離が縮まることはなく、和解せずに何度も離れ離れになる。

物語の終盤、神的な力をもった、いわばラスボスのような敵がナルトたちの前に立ちはだかり、他の国を巻き込んだ総力戦の戦争へと発展する。その強敵を倒すために、ナルトとサスケは決裂以降はじめて共闘する。死闘の末に、二人はその敵を打倒し、戦争は終結する。

そこで物語が終わるかに見えたが、サスケは翻《ほん》意《い》し、最後にナルトに決闘を挑む。二人は満《まん》身《しん》創《そう》痍《い》でありながら全力を出し尽くし、勝負は引き分けに終わる。

勝負が決した刹那、それまで一貫してナルトを敵視していたサスケの心中が、次のように語られる。

お前の痛みが分かった時　初めて仲間と思えた
そしてその反面…急激に強くなっていくお前をほっておけなくなった
どんどん強くなっていくお前を見て…オレは…

ナルトとサスケは、性格や価値観が大きく異なるとはいえ、孤独な境遇であるという共通点を有していた。サスケは、そうであるにもかかわらず成長していくナルトに対して、複雑な想いを抱くようになる。そうした独白に呼応するように、今度は、ナルトの心中が描かれる。

オレだっていつもお前が一人なのは知ってた
同じような奴がいるって安心した…すぐに話しかけたかった…
なんだかうれしくてよ！
けど　そりゃ止めた…何でもできるお前がうらやましくて…
オレのライバルに決めた！
お前はオレの目標になった

岸本斉史『NARUTO －ナルトー』⑫／集英社

何にもなかったオレがつながりを持てた
第七班で任務やってよ…
お前みたく強くかっこよくなりたくてずっとお前の後を追いかけてた

それに対して、サスケは、さらに次のように返す。

逆だ……
本当はオレがうらやましかったんだ
オレには無い強さがあったから…
お前はいつもオレの前を歩いてやがった…
まるでかつての兄さんのように――

ナルトとサスケは、当初は、孤独な境遇にあるという共通点を介して、互いを「仲間」だと認め合っていた。しかし、いつしかその絆は形を変えていった。互いが互いにとって追いかけるべき目標となり、切磋琢磨《せっさたくま》する対象となっていったのだ。そこには、単なる共通性、

岸本斉史『NARUTO ―ナルト―』㉜／集英社

言い換えるなら同質性では説明することのできない、戦いを通して二人が築き上げた新たな絆が示されている。

最後に和解するとは言え、二人は普通の意味では友達ではない。少なくとも、アリストテレス的な意味で、互いを愛しているわけではない。それでも二人は単に敵対しているわけでもない。互いが互いを乗り越えようとしながら、しかし、簡単に乗り越えられないものとして、承認し合っている。そこに独特な親密さがあることは疑いえない。

このような関係は、一般的に、**「ライバル」**と呼ばれる。ニーチェの考える友達への愛とは、こうしたライバルへの愛として捉えると、よく理解できるのではないだろうか。ライバルはあくまでも敵である。敵ではあるが、同時に「私」にとって大切な存在でもある。「私」はライバルと戦い、ライバルを打倒しなければならない。しかし同時に、そのライバルを愛し、尊敬するということも、当然のように成り立つのである。

そうしたライバルに対して同情することは、友情を汚すことにしかならないだろう。まして、相手を憐《あわ》れんで手心を加えるようなことがあれば、そこに愛はない。友達と切磋琢磨するとき、私たちは容赦なく全力を出すべきなのだ。それが友達への愛の表れなのである。

「星の友情」

アリストテレスは友情の完全性を、それがどれだけ持続的な関係なのか、安定した関係なのか、という点に見ていた。このことは、言い換えるなら、もしも友情が決裂するなら、その友情は不完全だったと見なされる、ということでもある。

これに対してニーチェは友情の完全性を、それが友情を超えた理想へと友達を向かわせる、という点に見出す。そうである以上、彼にとって友情が決裂するということは、その友情が不完全であることの証などではない。むしろ、二人が自らの理想に向かって歩み出すために、その友情を捨てなければならないなら、あるいはその友達から離れなければならないなら、そうできることが、望ましい形で友情を全うすることになる。

だからこそ、逆説的な表現になるが、友情の決裂は、友情の否定を意味しない。ニーチェはこの一見矛盾するようにも思える事態を、次のような美しいアフォリズムで表現している。少し長いが、そのまま引用しよう。

かつてわれわれは友人同士であったが、いまや疎遠となってしまった。しかしそれは当然のことであり、われわれはそれを恥ずかしいことのように隠し立てしたり、誤魔化したりしようとは思わない。われわれは、それぞれが自らの目的と航路をもつ二艘の船なのだ。われわれはこれからもすれ違うことはあるだろうし、これまでもそうだったように、一緒に祝祭をあげることもあるだろう。――そんなとき、この堂々たる二艘の船は、同じ港に、同じ陽光を浴びながら休息し、まるですでに目的に到達し、同じ目的を目指していたかのように見えたかもしれない。しかしやがて、われわれの任務がもつ抗いえない力がわれわれをまたしても引き離し、別々の太陽の下へ、別々の海域へと送り出し、もはや二度と相まみえることもないかもしれない。――仮に出会うことがあっても、互いに相手が誰だか分からないだろう。別々の海洋と太陽がわれわれをすっかり変えてしまうからだ！　われわれが疎遠にならなければならないというのは、われわれを覆う掟である。まさにそれによって、われわれは互いにいっそう敬意を払うに足る存在となるべきなのだ！　そして、かつてのわれわれの友情の思い出が、いっそう神聖なものとならねばならないのだ！　おそらくは、われわれのさまざまな道や目的が、ささやかな行程として含まれるような、目に見えない巨大な曲線と天体軌道が存在する、――

そうした思考にまでわれわれは自らを高めよう！　しかしそうした崇高な可能性の意味で、友人を超えたものとなるには、われわれの人生はあまりに短く、われわれの視力はあまりに脆弱である。――そうだとしたら、たとえわれわれが地上では互いに敵とならざるをえない場合にも、なお星の友情を信じることにしよう。[*9]

（『喜ばしき知恵』）

ここでは、かつて親友であった二人が決別を経験した後、その出来事をあくまでも肯定的に理解しようとする態度が描かれている。少し細かく解説しよう。

ニーチェによれば、そうした決別に至らざるをえないとき、人間は無力である。「われわれの任務がもつ抗いえない力」によって、いわば運命によって、私たちはしばしば親友と袂を分かたなければならなくなる。そのうえ、私たちは変わりやすく、状況の変化によってまるで別の人間になってしまう。すなわち、「別々の海洋と太陽がわれわれをすっかり変えてしまう」のである。時間の経過は、かつて友情を交わしていた頃の自分を、別の人間にしてしまう。そして、そうであるにもかかわらず、かつての友情関係に留まろうとすることは、変化を否定すること、成長を否定することである。それは真の友情ではない。だから、私たちは友達のもとを去らなければならないのだ。

しかし、そのように友達と決裂することは、当然、辛いことである。それでもニーチェは、そのように互いの運命に従って、別々の道を進むからこそ、「われわれは互いにいっそう敬意を払うに足る存在となるべき」であり、そして「われわれの友情の思い出が、いっそう神聖なものとならねばならない」と言う。友情の決裂をそうした機会として捉えられるようにするために、彼は、星の比喩を使う。

ニーチェはこんなイメージを描き出している。すなわち「私」と決裂した友達の間には、「われわれのさまざまな道や目的が、ささやかな行程として含まれるような、目に見えない巨大な曲線と天体軌道が存在する」。たとえば「私」が火星だとして、友達だった人が土星だとしよう。火星と土星はとてつもなく離れている。ある時、何かの拍子に近くを並走することはあるかも知れない。しかし、ほんの少しタイミングがずれたら、それぞれが進むべき軌道に従って、まったく別の進路へと向かい、離れ離れになる。しかし、離れ離れにはなるが、無関係になるわけではない。なぜなら、火星も土星も、太陽系という秩序のなかには属しているからだ。どんなに離れたところを、どんなに別の方向に進んでいるように見えても、その二つの星は同じ一つの秩序に、それもそれぞれ自分を超えるより大きな秩序に属しているのである。

もちろんこれは比喩である。星にとっての星辰《せいしん》に相当するものが、「私」と友達だった人の間に、目に見える形で存在するわけではない。だから「私」は、そうした友情の可能性を、「信じる」ことしかできない。実際には見えないし、本当にそんなものがあるかはわからないが、友達のもとを去るとき、そうしたつながりを胸に抱くことしかできないのである。

友情の決裂は「私」と友達を無関係にするわけではない。もちろんそこにもう友情はない。厳密に言えば、決裂した友達は、もう友達ではない。現実生活において、「私」と友達だったその他者との間には、もう何も起こらないかも知れない。

それでも、「私」は友達と決裂することで、最初から友達ではなかったことにはならないし、友達になる前の赤の他人になるわけでもない。そこには、決裂した者同士の間にだけ交わされる、ある種のつながりが成立するのだ。ニーチェはそうした関係性を、「友達以上のもの」とも呼んでいる。そしてそのつながりは、決して、未練がましい友情の亡霊などではなく、それぞれの理想に向かって歩みだすために、称えられるべき関係なのである。ニーチェはそうした関係性を崇高なものと見なしているのであり、だからこそ「星の友情」として美しく表現しようとしている。

あるいはこう言うこともできるかも知れない。私たちは、「星の友情」を信じられるからこそ、友達に対して「最高の敵」として対峙《たいじ》することができる。決裂することを恐れず、友達から嫌われることを恐れず、友達と、そして自分の運命と向かい合うことができる。それが友達への愛に他ならないのである。

友情の男性性、再び

ニーチェの友情論は伝統的な友情観といくつかの点で対立する。最後に、そのポイントを確認しておこう。

伝統的な友情観は友達同士の同質性を前提にしていた。「私」は自分と似た他者と友達になるのであり、だからこそ、互いをわかり合うことができる。しかし、ニーチェの理想とする友情は、ライバルの関係であり、友達との同質性はそもそも問題にならない。「私」には、友達のことなどわからないし、それどころか自分のことさえわからない。他者が自分に似ているという判断さえ、不確かなものに過ぎない。むしろ、私たちが気にかけるべきなのは、その友達と切磋琢磨することで、どれだけ自分の理想に近づけるのか、ということだ。

私たちが誰かと友達になるのは、その友情を経て、より強く深いものへと成長するためである。だからこそ、「私」と友達の理想的な関係とは、互いが互いを成長させ、場合によっては友達に対して敵として対峙することも辞さない関係である。その結果、友情が決裂するのだとしても、それは友情が最善の形で全うされることを意味するのであって、決して消極的に評価されるべき事態ではない。

このように、友情の決裂を肯定的に評価しうる地平を切り開いた点に、ニーチェの友情論の最大の特徴がある。そしてその発想は、「友だち地獄」と呼ばれる友情のあり方に対して、痛烈な批判を加えるものだろう。

プロローグでも述べた通り、友だち地獄とは、常に空気を読んで友達に同調し、もしも同調に失敗すれば仲間外れにされ、いじめの対象となるような関係性である。ニーチェの考えに従うなら、この関係性を友情と呼ぶことはできない。なぜなら友だち地獄に陥るとき、「私」はその関係を通して自分を成長させるのではなく、かえってその関係のなかに自分を閉じ込め、抑圧することになるからだ。

なぜ人は友だち地獄に陥るのだろうか。それはもしかしたら、友達と同じ振る舞いをすることによって、安心を得たいからかも知れない。何か苦しい出来事に直面したとき、友達に同情してもらい、慰めてもらいたいからかも知れない。しかし、ニーチェによれば、苦しみこそが人を成長させるのだ。そうである以上、「私」の苦しみに同情し、それを解消しようと働きかけてくる他者は、友達と呼ぶに値しないのである。

一方で、このような発想をとるニーチェは、依然として男性的な友情観に立脚しているとも言える。実際に彼は、友情とは男性に特有のものであり、女性には友情を交わすことができない、という衝撃的な発言をしている。[*10] それは、彼にとっての理想的な友情が、苦しみを乗り越えることに大きな価値を置くものであり、それが古代ギリシャに由来する、雄々しさを美徳とする発想と連続するものであるからかも知れない。

再び『ＮＡＲＵＴＯ－ナルト－』において描かれる友情を思い起こしておこう。ナルトとサスケは、前述の通り、ニーチェ的な友情を交わす。しかし、彼らはもともと三人組であり、春《はる》野《の》サクラという少女も仲間に含まれていた。しかし、サクラはあくまでもサスケに恋する存在として描かれ、三人が対等な親友として描かれることはない。最終的に、サクラはサスケの妻となり、二人は子どもを儲ける。そこには、男性同士の友情から女性を排除する、古代ギリシャ的な男性中心主義的友情観の反響が示されているのかも知れない――そしてそうした傾向は、多くの少年漫画において、繰り返し現れる構図のようにも思える。

*1 フリードリヒ・ニーチェ『喜ばしき知恵』三八六頁（村井則夫訳、河出文庫、二〇一二年）

*2 フリードリッヒ・ニーチェ『ニーチェ全集5 人間的、あまりに人間的I』三四四頁（池尾健一訳、ちくま学芸文庫、一九九四年）

*3 同前、三四五頁

*4 同1、三四九頁。傍点は原文。

*5 同前、三五〇頁

*6 同前、八四-八五頁

*7 フリードリヒ・ニーチェ『ツァラトゥストラかく語りき』九五頁（佐々木中訳、河出文庫、二〇一五年）

*8 同前

*9 同1、二八九-二九〇頁

*10 同7、九六頁

第四章
見返りのない友情は可能か
——ヴェイユ

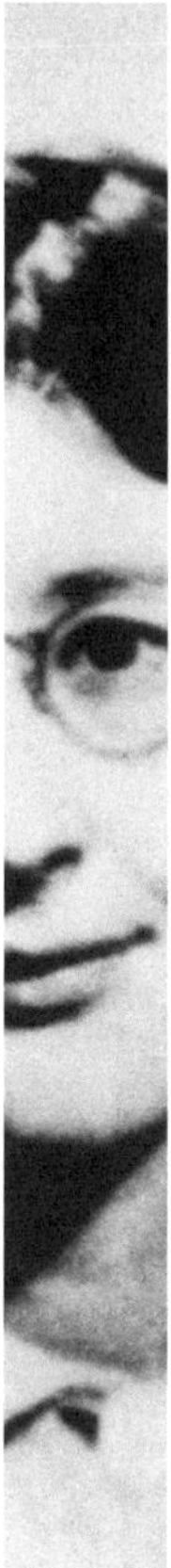

ARISTOTLE
IMMANUEL KANT
FRIEDRICH WILHELM NIETZSCHE
SIMONE WEIL
SIMONE DE BEAUVOIR
MICHEL FOUCAULT
ALASDAIR MACINTYRE

——もしいつか、真の愛情が与えられる日がくるとしたら、
そのときには、内なる孤独と友情とのあいだに
対立はなくなっているだろう。

シモーヌ・ヴェイユ

SIMONE WEIL

（1909〜1943）

ニーチェは同質性に基づく友情を批判した。「私」には友達とわかり合うことができない。おそらくそれは前提にせざるをえない事実である。友達のことをわかった気になることは傲《ごう》慢《まん》だ。友達には「私」に見せていない側面、「私」の前には表れてこない側面が、常に隠されている。私たちは友達と関わるとき、頭のどこかでそう考えておく必要がある。

では、そうであるにもかかわらず、その友達自身のことを愛することが、私たちには可能なのだろうか。「私」に理解できない友達を、それでも愛するような友情は、どのように成立するのだろうか。

この問題に、ニーチェとはまったく違った答えを示したのが、現代フランスの哲学者シモーヌ・ヴェイユだった。彼女は、友達への純粋な愛を徹底し、そこから極限ともいうべき友情論を展開した。私たちはその思索にどこまでついていくことができるだろうか。それを本章では試してみたい。

重力の支配

あなたが友達を食事に誘うとしよう。そして、友達は何か理由をつけて誘いを断ったとする。あなたは次の機会にも、同じように友達を誘うが、友達は再びあなたの誘いを断る。その後、再びあなたには友達を誘う機会ができた。さて、あなたはもう一度その友達を食事に誘う気になるだろうか。もしかしたら、あなたはその友達の方から誘われるのを待とうとするのではないだろうか。その結果、もしもいつまでたっても友達が誘ってこなかったら、あなたは友達を不審に思い、あるいはその友情に小さな亀裂《きれつ》が入るかも知れない。

このとき、なぜ、あなたはその友達を不審に思うのだろうか。それは、「二回も私から誘って断っているのだから、せめて次の一回は友達の方から誘ってくるべきだ」と、あなたが思っているからだろう。では、あなたはなぜそう思うのだろうか。それは、一方が何度も誘っているのに、他方が誘ってこないのでは、対等な関係とは言えないからではないか。

しかし、そもそもなぜ私たちは対等な関係を望むのだろう。なぜ、自分だけが一方的に誘うことを、それでよしと思えないのだろう。

この問題は、ヴェイユの「**重力**」という概念によって説明することができる。この概念は、彼女の独特な宇宙観と密接に関係しているため、友情をめぐる議論を考える前に、まず、その宇宙観について一瞥《いちべつ》しておきたい。

ヴェイユは次のように考える。この宇宙はあらゆる点で均衡を保っている。ある個所で均衡が崩れれば、ただちに別の個所で調整が行われ、均衡が回復される。質量保存の法則をイメージしてもらえばいいかも知れない。このとき、均衡を回復しようとして作用する力こそが、ヴェイユのいう重力である。

　重力というと、地球に働いている万有引力を想像されるかも知れない。もちろんそれも重力だが、それだけが重力ではない。ヴェイユにとって重要なのは、バランスが崩れたとき、失われた均衡を取り戻すために、強制的な補償作用が引き起こされる、ということである。たとえば回転しているコマを弾くと、コマは一瞬傾くが、バランスを取り戻すために反対側に傾き、元の姿勢に戻る。このような力が宇宙のすべての領域を支配している、と彼女は考えるのである。

　当然のことながら、その宇宙のなかで生きている人間も、このような重力に従って存在している。そしてその影響は人間関係にまで及ぶのである。

> 重力——一般的に言って、わたしたちが他人に期待するものは、わたしたちの中に働く重力の作用によって決められる。また、わたしたちが他人から受けるものは、他人の中に働く重力の作用によって決められる。ときには、これが（偶然に）一致することが

あるが、多くの場合一致しない。[*1]

(『重力と恩寵《おんちょう》』)

私たちは、相手に対して何かを与えたら、それに見合うものを誰かから返還されるべきだと考える。これは、何かを与えられることでバランスを崩すからであり、そのバランスを回復するために、与えたものに見合った何かを取り戻そうとするのである。あるいは、私たちが相手から何かを与えられたとき、私たちは与えられた分の何かを、誰かに与えるべきだと考える。これもまた重力が一時的に不均衡になったバランスを回復しようとする力の発露である。

私たちの人間関係を支配するやり取りのほとんどは、こうした重力の働きによって説明できる。「私」が友達の誕生日を祝うなら、友達もまた「私」の誕生日を祝うべきである。「私」が友達からのチャットに即座に返信するなら、友達も「私」からのチャットに即座に返信するべきである。反対に、友達が「私」の外見を褒めてくれたなら、「私」も友達の外見を褒めるべきだろう。そのように私たちを駆り立てるものが、重力に他ならない。

暴力の連鎖

ただし、「私」にとって悪い出来事でも、均衡は不安定になる。たとえば「私」に不当な暴力を加えられたとき、「私」は自分の均衡が崩されたのを感じる。では、その不均衡はどのように回復されるのだろうか。

ヴェイユによれば、それは「私」が他者に暴力をふるうこと、すなわち「復讐《ふくしゅう》」することによってである。

> ゆるすこと。そんなことはできない。だれかがわたしたちに害を加えたとき、わたしたちの中にはさまざまな反応が生じる。復讐したいというねがいは、何より本質的な均衡回復へのねがいである。[*2]
> （『重力と恩寵』）

重力は人間を復讐へと駆り立てる。重力に囚われているとき、私たちには、暴力を加えられながら、その暴力をどこにも発散しない、ということができない。そのとき復讐心から逃れることはできなくなる。

ただし、このような暴力による均衡回復は、「私」に対して暴力を加えた当の加害者に復讐することによってのみ、実現されるわけではない。重要なのは、「私」に理不尽に加えられた暴力を、「私」の外側へと返還することであって、その暴力が誰に向かうかは問題ではないのだ。特に、誰から加えられたのかわからない暴力であれば、その復讐は、必然的に何の所以もない他者に対して向けられることになる。

ヴェイユは、自身が長年にわたって苛まれ続けてきた頭痛を例にとって、「わたしは、頭痛の折りふしに、発作がひどくなると、ほかの人のひたいのちょうど同じ部分をなぐりつけて、痛い目にあわせてやりたいとつよく思ったものだ」[*3]と述べている。激しい頭痛に襲われるとき――それは腹痛でも腰痛でも構わない――「なぜ自分だけがこんな目に遭うのか」と、呪わしい気分に陥るのは、よくあることだろう。そうしたとき、何の不自由もなく平気で過ごしている他者を見ると、それだけで腹立たしい思いに駆られてしまう。彼女によれば、それは重力によって、苦痛によって崩された「私」の均衡を回復するために、他者に同じような苦痛を与えたいという、悪意の表れに他ならないのだ。

ただし、たとえこの宇宙が重力に支配されているのだとしても、暴力は完全に循環《じゅんかん》するわけではない。この世界には、他者から暴力を受けながらも、自分からは他者に暴力を加えられない者、そのような力を奪われた者もいる。そうした人々は、すべてが均衡するべき宇宙において、傷つけられ、自分を見失い、疎外に陥らざるをえない。

たとえば密室で起こるハラスメントはその典型である。上司が部下に対して暴力を振るい、そのうえ、その暴力について黙っていろ、もしも漏らしたら許さないぞ、と脅《おど》す。そのように脅された部下は、自分に加えられた暴力をどこにも発散できなくなり、自分自身のなかに毒を滞留《たいりゅう》させてしまう。だからこそハラスメントは、単なる暴力よりもいっそう深刻に人間の精神を傷つけるのである。

それは、循環できずに溜まった水が澱《よど》んで濁《にご》っていくことにも似ている。重力に支配された宇宙は、このように救われない人々を生み出してしまう世界でもあるのだ。

想像力の罪

こうした重力の力は、人間の「**想像力**」にも関係する。そしてそれが重力の問題をいっそう深刻なものにする。

どういうことだろうか。

重力に基づいて他者と関わるとき、私たちは他者に対して、自分がしたことを相手が返してくれることを期待する。たとえば「私」が二回友達を食事に誘ったのなら、友達は「私」から誘われて嬉しいはずだから、当然同じように「私」を食事に誘うべきだ、そのようにして喜びを返還するべきだ、と考える。このとき「私」は、「私から食事に誘われて友達は嬉しいだろう」と、友達の心情を想像することになる。ヴェイユによれば、そのようにして重力は、私たちに他者を想像することを強いる。

しかし、この想像が正しいという保証はどこにもない。もしかしたらその友達はお金に困窮しており、外食をする余裕がないのかも知れない。もしかしたらその友達は摂食障害を患っており、人と一緒に食事をすることに苦労しているのかも知れない。そして、そうしたことを打ち明けられずに黙っているのかも知れない。「私」は、自分が与えているものに気を取られている限り、このような可能性に気づくことができない。自分がしてあげたことで喜んでくれる、自分がそうであってほしい友達の姿を、友達に押し付けているのだ。

こうした想像力は、それが重力に支配されているがゆえに、柔軟性を欠いている。人間が想像するのは、それ以外にはありえない事物の姿であって、絶対的であり、排他的である。そうでないと困る。なぜなら、もしも私たちの想像する事物の姿が、別でもありえるとしたら、その事物が属する重力の均衡が成り立たなくなるからである。

したがって、他者を想像するとき、私たちはその他者に、絶対に「私」が想像する通りの存在であることを期待する。「私」は、絶対に友達は「私」から食事に誘われたことが嬉しいだろうと想像する。ヴェイユによれば、そのようにして想像力は**「執着」**を作り出す。

私たちが他者に執着するのは、他者が自分の想像する通りの人間であることによって、重力の秩序を正常に機能させようとするからである。そうした執着が、自分が受け取るべきものを他者から受け取りたい、という願望の根底にある。ヴェイユによれば「想像力は、いつもある欲望に、すなわちある価値に結びついている」[*4]。そうであるとしたら、相手のことを想像すること自体、実は私利私欲の発露に過ぎない、ということになる。

このことは、たとえ自分が相手を愛していると思い込んでいる場合でも、変わらない。重力に支配された状態で他者を愛するとき、私たちは、結局は想像上の相手を愛しているに過ぎない。そして、それが想像上の存在である以上、「私」が愛している人間は、実際にはまったく別の存在であるかも知れないのだ。

ヴェイユによれば、想像上の他者を愛していた人が、それが想像に過ぎなかったと気づくことは、愛していた人と死別することよりも「はるかに無残」[*5]である。後者の場合、たとえ死別するのだとしても、「私」の愛していた人がこの世界に実在していた、という事実は変わらない。しかし、もしも「私」が愛していた人が想像上の人間に過ぎなかったとしたら、「私」は誰も愛していなかった、ということになってしまう。つまりその愛自体が偽りに過ぎなかったことになる。

このような無残な「罰」が待っているという点に、重力の根本的な問題がある。しかし、前述の通り、重力はこの宇宙を支配する力である。それは、そこから抜け出そうとして簡単に抜け出せるものではない。

友情が重力に支配されるとき

重力とは、想像上の世界の均衡を保とうとする力である。私たちが物理法則から逃れられないように、重力もまた私たちに強制的に作用する。そして、その力に飲み込まれることで、友情は息苦しく風通しの悪いものになっていく。その帰結として立ち現れるのが、「友だち地獄」に代表される閉塞的な友情であり、その帰結としてのいじめではないだろうか。

　将棋を題材にした羽海野《うみの》チカの代表作である『3月のライオン』では、そうした閉塞感に対して友情を維持することがいかに困難であるかが描かれている。主人公の桐山《きりやま》零《れい》は、近所の川本家の人々と家族同然の付き合いをしていた。その次女・川本ひなたのエピソードを取り上げたい。

　ひなたには、ちほという名前の、小学生の頃から仲良しだった女子の友達がいた。ひなたとちほは中学校も同じクラスだった。それまで、何の支障もなく過ごしていたちほだったが、中学三年生に進学したある日、教室を支配していた受験への不安から、クラスのグループが彼女をいじめるようになった。クラスの他の生徒たちも、その様子を傍観するだけであり、いじめは加速していった。教室の掃除がちほ一人に押し付けられ、靴が隠され、カバンがトイレに捨てられた。やがてちほは学校に来なくなった。それでもクラスの担任はいじめの事実を認めようとしない。とうとう、彼女は転校してしまう。

　ちほをいじめていた生徒たちは、彼女が転校したことを嘲笑《あざわら》った。その様子を目撃し、耐えられなくなったひなたは、その生徒たちに掴みかかる。すると、当然のことながら、今度はひなたがいじめの対象になってしまった。

上履きが隠され、家に帰ってきた彼女は、目から大粒の涙を流して号泣する。彼女は、突如としていじめが始まった不可解さを、そしてそのいじめをクラスの誰もが黙認していたことに、悲嘆する。

見ないフリとか
「かばってるとあなたもやられるよ」とか
どうして？

いじめの主犯格を除けば、傍観していた生徒たちは、決してちほをいじめたかったわけではない。彼女に恨みがあったわけではない。ただ、自分の身を案じるがゆえに、誰もちほを守ろうとはしなかったのである。

それに対して、彼女をかばったことで新たないじめの対象となったひなたは、クラスメートの目には自業自得に映ったかも知れない。しかし、ひなたはそのことを後悔するまいと自分に言い聞かせる。

羽海野チカ『3月のライオン』⑤／白泉社

みんなが言った通りになっちゃった
明日から　ひとりだ
ひ…ひとりぼっちになるの　こわいよう…
ほんとはずっと恐かった
…ひっく
でもっっ　でもっっ
後悔なんてしないっっ　しちゃダメだっ
だって
私のした事は
ぜったい
まちがってなんか
ない!!

ひなたの悲痛な叫びは、いじめに抵抗することが、いかに困難なことであるかを物語っている。それはまさに重力に逆らうことの困難さそのものだろう。

羽海野チカ『3月のライオン』⑤／白泉社

教室では、不安を発散させようとする力が、ちほに集中した。しかしちほにはその暴力をどこにも返還することができない。そのように形成された重力の秩序に、クラスメートは飲み込まれていったのだ。ちほをかばおうとすれば、重力の必然性に従って、彼女に向けられている力が自分に向かってくる。だからこそ、誰も彼女に手を差し伸べることができなかったのだ。

しかし、同時にひなたの勇気ある行動は、それでも重力に抗うことが不可能ではない、ということをも証明しているに違いない。彼女は、重力の必然性を目の前にしながら、それに屈することなく立ち向かうことができた。たしかに彼女は傷ついてしまった。重力に逆らうことは大きな代償を伴う。それでも、私たちにはそれに飲み込まれないでいることもできるのだ。

彼女がその身をもって守り抜いた友情は、重力に基づく愛ではない。それは別の原理に基づく愛であるはずだ。では、その原理とはいったい何だろうか。

重力に対抗し、これを乗り越えるためには、重力とは異なる原理に従わなければならない。ヴェイユはそのもう一つの原理を、**「恩寵」**と呼ぶ。ヴェイユの哲学は、さしあたり、重力と恩寵という二つの対立する力を基礎として語られる。

恩寵は、言い換えるなら、「恵み」や「恩恵」である。それはさしあたり、超越的なものから何かが一方的に与えられることを意味する。重要なのは、与えられた側には、与えられたものを返還する必要がない、ということだ。

たとえば神から恩寵が与えられたとしても、私たちには神に対して同じ恩寵を与え返すことはできない。もしそんなことができると思い込むなら、それは傲慢だろう。同じことが、自然の恵みにも当てはまるかも知れない。天候に恵まれ、たくさんの農作物を得ることができたとき、私たちは、その恵みに感謝することはできるかも知れないが、しかし同じ恵みを自然に与え返すことはできない。そしてそのことを申し訳なく思ったり、恥じたりすることもないのである。

前述の通り、重力は、与えられたものを返還し、均衡を回復しようとする力だった。恩寵はそうした均衡回復に囚われない。そのようにして恩寵は重力を超えるのである。

重力に基づくのではなく、恩寵に基づいて他者を愛することができるなら、そのとき私たちは、想像上の他者を愛する罪に抵抗できるのかも知れない。それは、神が人間に恩寵を与えるように、あるいは、自然が人間に恵みを与えるように、私たちが他者を愛することである。卑近な言い方をするならば、それは、見返りなしに相手を愛すること、自分が愛されたいと思うことなしに相手を愛することである。

ヴェイユによれば、「他の人たちがそのまま存在しているのを信じることが、愛である」[*6]。それは言い換えるなら、他者を、その他者とは別の人間として想像し、自分にとって都合のよい人間へとでっち上げない、ということである。

こうした愛は、芸術作品への愛に似ている。芸術作品はすでに完成されている。だからこそ、芸術作品を愛するということは、その作品がその作品であることへの愛なのである。それに対して、たとえば完成した絵画を目の前にしながら、ここにこの色を足した方がよいとか、ここの影を強調した方がよいとかいって、絵に何かを描き加えることは、その芸術作品を愛する行為ではないだろう。それはむしろ作品を冒瀆《ぼうとく》することである。

同じことが人間関係にも言える。ヴェイユにとって他者への愛とは、その他者がすでに完成された存在であり、ただその人自身であることを肯定することである。ただしそれは、「私」が他者の本質を知ることができる、ということを意味するわけではない。「私」が他者の本質を知るか知らないか、ということは、他者が他者であることと無関係だからである。むしろ、他者の本質を知れたと思うことは、その他者を想像することになってしまうだろう。

恩寵に基づく友情

　このような形で友達を愛するのであれば、それは、重力に基づく友情とは異なった、恩寵に基づく友情である、と言える。では、それはどのようなものなのだろうか。

　恩寵に基づく友情は、さしあたり、友達が友達自身であることへの愛であり、ただそれだけである。そのとき、見返りに友達から愛されたいと願うことはない。つまり「私」が友達に友情を求めるということがあってはならない。ヴェイユは言う。「友情を受けるねうちのある者となるために、友情を拒否しなくてはならない[*7]」。もちろん私たちは友達から愛されれば嬉しい。友達から親友だと認められれば温かな気持ちになる。しかし、それを望む気持ちは、自分の心から断たなければならない。そうした願望を抱くとき、「私」は重力に飲み込まれ、自分の都合のよい友達像を相手に押し付けることになるからだ。「友情についてのすべての夢想は、うち砕かれるにあたいする[*8]」。そうであるにもかかわらず友達を愛するとき、それが友情なのである。

友達に見返りを期待してはならない。ヴェイユによれば、友達がそばにいてほしいと思うことさえ、そうした見返りの期待に含まれる。何もそこまで厳しくなる必要があるだろうか、と思いたくはなるが、彼女の哲学を徹底するなら、それはむしろ当然の帰結である。なぜなら、友達にそばにいてほしいと思うことは、「私」の寂しさを紛らわせてほしい、「私」を孤独にしないでほしいという、友達への願望だからである。

したがって、恩寵に基づく友情は、孤独に耐えられる者にしか抱くことができない。「私」は、友達がいなくても、一人で生きていけるのでなければ、他者と友達になることができない。もしも、その他者がいなければ生きていけないのなら、その他者を友達として愛することができなくなるからだ。したがって、非常に逆説的なことに、友情と孤独は同時に両立する。ヴェイユは言う。「もしいつか、真の愛情が与えられる日がくるとしたら、そのときには、内なる孤独と友情とのあいだに対立はなくなっているだろう」[*9]。

もしも友情が、「私」の孤独と両立するものであるなら、そもそも友達が存在することさえ必要ないはずだ。すなわち、もしも友達がもうこの世界に存在しないのだとしても、その友達を愛することができるのでなければならない。ヴェイユは、そうした友情が自分にあるのかを試すために、次のように問いかける。

> 自分が愛しているもの、自分を愛している人のことを思い出すとき、それらが今目の前に見えていないならばいつでも、ひょっとすると愛するそのものは壊れたのかもしれないとか、愛するその人は死んだのかもしれないとか空想すること。
>
> このような考え方が現実性の感覚を消し去ってしまわず、かえっていっそう強くするようでありたい。[*10]
>
> （『重力と恩寵』）

友達が目の前にいないときに、その友達がもう死んでいるかも知れないと想像してみる。そのとき、それでも友達への愛が失われず、それどころかより強化されるなら、それは真の友情である。こうした彼女の主張は異様に聞こえるだろう。しかし、発想を変えてみると、彼女の真意がわかってくる。

たとえば、もしも、目の前にいない友達が今死んでいるのだとして、それによって友達への愛が失われるのだとしたら、つまり、生きているときにだけその友達を愛しているのだとしたら、それはなぜだろうか。

死んでしまった友達は、もう「私」に対して何も働きかけることができない。「私」は友達に対して何かをしてもらえると期待することができない。もうその友達は「私」を愛することができないし、「私」の孤独を和らげてくれることもない。もし、友達の死によって友情が失われるのなら、「私」はその友達を愛していたのではなく、友達から得られるそうした見返りを愛していたことになるのだ。

死んだ友達を愛せるだろうか。そう問うことは、もはや何の見返りも与えてくれない友達を愛せるかを、試すことである。そしてその試練に耐えられる愛こそが、友情に値するものなのだ。

隔たりへの同意

何の見返りも求めず、何にも期待することのない、友達への愛。それがヴェイユの理想とする友情である。そうした彼女の発想の根底にあるのは、友達が決して「私」の思い通りにならない存在であり、その意味において「私」と隔たった存在である、ということである。

「純粋に愛することは、へだたりへの同意である」[*11]。その隔たりを受け入れることが、友情には求められる。

　隔たりとは、さしあたり、空間的な距離を指す。すなわち、自分と友達が離れた場所に存在すること、友達が目の前にいないということである。しかし隔たりには別の側面もある。たとえば、認知的な隔たりというものもあるだろう。すなわち、「私」が友達をどれだけ理解しているのか、どれだけその人となりをわかっているのか、ということだ。たとえば私たちは俗に「心の隔たり」と言うことがある。それは、二人が互いをわかり合えていないことを、距離に喩えて表現したものである。反対に、そうした隔たりがなければないほど、二人は互いをよく理解している、と思われている。

　しかし、ヴェイユの哲学に従うなら、そうした距離感の近さに対して、私たちは慎重になるべきだろう。なぜなら、そのように相手を理解したと思い込むことは、相手がどのような人間かを想像することになるからである。想像は重力へと簡単に飲み込まれる。そのとき「私」は、相手に対して自分の期待する人間像を押し付け、相手に見返りを求めてしまう。

　だからこそ、このような認知的な側面に関しても、私たちは相手との隔たりを尊重しなければならない。言い換えるなら、「私」には友達を理解し尽くすことができず、友達に接近することもできないということを、受け入れなければならないのだ。

友達がどんな人格であるか、どんな性格であるか、ということは、「私」にはわからない。もちろん「私」からは友達がある一定の人格や性格を持っているように見える。しかしそれを友達の真の姿だと思い込んではいけない。友達は、「私」からは決して見えない、「私」の知ることのない側面を持つからである。

そうした認知的な隔たりを受け入れたときに、友情は成立する。それが意味しているのは、友達がどんな人格なのか、どんな性格なのか、ということは、その友達との友情において関係ない、ということだ。ヴェイユは次のように述べる。

> 「あなたはわたしの興味を引かない」。これは、残忍なことをせずに、また正義を傷つけずに、ひとりの人間がひとりの人間に語ることができないような言葉である。
> 「あなたの人格はわたしの興味を引かない」。これは、友情のなかのもっとも繊細で壊れやすいものを傷つけずに、親しい友人同士の愛情深い会話において発せられる言葉である。[*12]
>
> (『シモーヌ・ヴェイユ　アンソロジー』)

ヴェイユはここで、「あなたはわたしの興味を引かない」という言葉と、「あなたの人格はわたしの興味を引かない」という言葉を、区別している。両者の違いはどこにあるのだろうか。後者において、「私」が興味を持っていないのは、「あなた」の「人格」である。そしてそれが興味を引かないと言っている。それは、「あなた」がどんな性格で、どんな考え方をしているのか、ということは、「私」にとって重要ではないということだ。しかしこのことは、「あなた」自身が重要ではないということを意味するわけではない。むしろ、「あなた」の「人格」がどうでもよいからこそ、「あなた」がどんな人格であったとしても、「私」にとって「あなた」が大切な存在である、と考えることができるのである。

矛盾を受け入れること

恩寵に基づく友情において、「私」は、自分が友達のことを知り尽くすことができないということを、受け入れる。それは、言い換えるなら、友達が予想外の行動をしても、その友達らしくない行動をしたとしても、それを否定しないということである。

たとえば、いつもは学校の帰り道を一緒に帰っていた友達が、今日はなんだか様子が変で、「私」と一緒に帰ることを拒否し、一人で帰ると言い出したとする。そのとき「私」は違和感を抱く。友達のことを心配して、話を聞いてあげようとするかも知れない。しかし、それでもその友達が「私」と一緒に帰ることを拒否し、しかもその理由を話したがらないとする。「私」は、もしかしたら、その友達に不信感を抱き、その友情に小さな亀裂が生じてしまうかも知れない。

しかし、なぜ「私」は友達に不信感を抱くのだろうか。それはその友達が、「私」の知っているものとは違う姿をしているからだ。言い換えるなら、「私」の思うものとは矛盾する姿を、今目の前にいる友達が示しているからだ。

そのとき、「私」の知っている姿こそが本当の友達の姿であり、今目の前の友達が示している姿は間違っていると考えるなら、それは友情ではない。なぜなら「私」は自分の想像を友達に押し付けているからである。もしも「私」が恩寵に基づいて友達を愛しているのなら、友達が「私」と帰りたがらないことを受け入れ、理由も聞かずに一人で帰るべきである。そしてそのことに対して、友達を不審に思わず、今日のその友達の行動を、肯定するべきなのである。

ここにも、重力と恩寵の大きな違いがある。重力に支配された世界、想像によって思い描かれた世界は、すべてが均衡しており、調和している。そこには矛盾がない。しかし、現実はそんな風にはなっていない。「精神がぶちあたるさまざまな矛盾、矛盾だけが現実のすがたであり、現実性の基準だ」[*13]。昨日まではこうだと思っていたことが、今日は違っているかも知れない。いつもは陽気な友達が、今日は落ち込んでいるかも知れない。そうした矛盾は重力の均衡を破綻させる。だから、重力に基づいて他者を愛しているとき、「私」にはそうした矛盾に耐えることができない。

それに対して、その矛盾をありのままに受け入れることが、友達が友達自身であることを肯定することであり、恩寵に基づいて友達を愛することなのだ。

矛盾の肯定としての愛。ヴェイユはその極致として、敵への友情を挙げている。

> もっとも純粋な愛の勝利、戦争がもたらす至高の恩寵は、死にゆく敵の心に立ち昇る友情である。こうした友情は、殺された息子や友人のために復讐したいという渇望を消失させる。[*14]
>
> （『シモーヌ・ヴェイユ　アンソロジー』）

ヴェイユによれば、「至高の恩寵」とは、「私」の家族や友人を殺した敵に対して、「私」が友情を抱くということである。当然、「私」は家族をその敵に殺されているのだから、その敵に対して復讐心を抱く。友情と復讐心は両立しない。だからそこには矛盾が生まれる。しかし、その矛盾を肯定すること、「私」が家族を殺された悲しみを抱えながら、それでもその敵を友達として愛することができるなら、そこに恩寵に基づく友情が成立する、とヴェイユは考える。

これは、ニーチェの考えていたような、ライバルへの愛とはまったく異なるものである。ニーチェの場合、それはあくまでも、互いが成長できることへの愛だった。しかしヴェイユのいう敵への愛は、あくまでも敵自身への愛であり、いわばその敵への**「許し」**に他ならないのだ。

前述の通り、重力は敵を許すことを不可能にする。重力に支配されているとき、私たちは復讐の連鎖から逃れることができない。それに対して、敵と友情を交わすことができるなら、私たちはその連鎖の外側に出ることができる。それが、重力の闇を打ち消す、恩寵の光なのである。

友情の緩やかさと厳しさ

ヴェイユの考える友情論は、ニーチェと同様に、あるいはニーチェ以上に、友情の同質性を批判するものである。

アリストテレスは、善良さに基づく友情を完全とし、有用さに基づく友情から区別した。しかし、ヴェイユの視点から考えるなら、このような区分は成り立たない。なぜなら、「私」が友達の善良さを理解することができ、そのうえ、「もう一人の自分」として友達を眺めるなら、それは「私」の想像を友達に押し付け、友達に見返りを求めることを意味するからだ。友達が「私」の想像した通りの人間であってほしい、友達が「私」とともにいてほしいと願うことさえ、見返りを求めることであり、友情を汚すものである。したがって、善良さに基づく友情であっても、結局のところそれは広い意味では有用さを目指すもの、私的利害に支配されていることになる。

それに対して、あくまでも純粋な愛を求めるヴェイユの友情論は、いささか厳しすぎるように見えるかも知れない。しかし、その一方で、彼女の思想はむしろ友情を緩やかなものとして眺めることも可能にする。なぜなら、彼女の発想に従う限り、「私」が今現に友達とともにいるか否かということは、友情にとって大きな問題ではないからだ。「私」の目の前に友達がいないのだとしても、「私」が心のなかで友達を愛しているのなら、そのとき「私」は友達にたしかに友情を傾けている。「私」が孤独であることは、「私」に友達がいないということを意味しない。だからこそ、自分がもしかしたら孤独になるのではないか、という恐れを抱くことなく、他者と友達になることが可能だし、むしろ私たちはそうした友情を目指すべきなのである。

　このように、伝統的な友情観の前提を覆すものでありながら、ヴェイユの想定する友情論は、峻《しゅん》烈《れつ》に自律性を求めるものでもある。西洋哲学史において、自律性の最大の擁護者と見なされるカントでさえ、友達に対しては秘密を共有するという役割を期待していた。しかしその期待さえヴェイユは許さない。私たちは、完全に一人で生活できるときにしか、友情を交わすことができないのである。

　『三月のライオン』のひなたは、重力に支配され、復讐の連鎖《れんさ》に誰も抵抗できなくなった教室において、ただ一人、その重力に抗おうとした。しかし、そのときちほはもう転校してしまっている。ひなたがちほの名誉を守ったところで、彼女がちほから守ってもらえることはない。そうした隔たりのなかにありながら、それでもちほを想い続けていた彼女は、ヴェイユの言う、恩寵に基づく友情を彼女と交わしていたように思える。

しかし、その一方で、その代償が非常に大きなものであることも、やはり確認しておかなければならないだろう。ひなたは教室のなかで孤立し、そしていじめによって傷つけられる。その姿を見た、彼女の姉であるあかりは、「正義なんてどーでもいいから逃げて欲しかった」と、心中を吐露《とろ》している。それは、恩寵に基づく友情に求められる自律性を、この重力に支配された世界で発揮することが、いかに困難で稀有《けう》な出来事であるかを物語っているのかも知れない。

＊1　シモーヌ・ヴェイユ『重力と恩寵』九頁（田辺保訳、ちくま学芸文庫、一九九五年）
＊2　同前、一七頁
＊3　同前、一一頁
＊4　同前、一一一頁

*5　同前、一一〇頁

*6　同前、一〇九頁。傍点は原文。

*7　同前、一一三頁

*8　同前。傍点は原文。

*9　同前、一一四頁

*10　同前、三一‐三二頁

*11　同前、一一一頁

*12　シモーヌ・ヴェイユ『シモーヌ・ヴェイユ　アンソロジー』三一〇頁（今村純子編訳、河出文庫、二〇一八年）

*13　同1、一六六頁

*14　同12、一八〇‐一八一頁

第五章
女性の友情とは何か
——ボーヴォワール

ARISTOTLE
IMMANUEL KANT
FRIEDRICH WILHELM NIETZSCHE
SIMONE WEIL
SIMONE DE BEAUVOIR
MICHEL FOUCAULT
ALASDAIR MACINTYRE

――女たちは意見を競わない。打ち明け話や
対処の仕方を交換する。女たちは結束して、
男の価値に優る価値をそなえた一種の反・世界を作り出す。

©AFLO

シモーヌ・ド・ボーヴォワール

SIMONE DE BEAUVOIR

（1908〜1986）

アリストテレス、カント、ニーチェは、それぞれが独特な友情論を残しているが、そこには一つの共通点がある。それは、友情をあくまでも男性の関係として捉えている、ということだ。この世界で、本当の意味で他者と友情を交わせるのは男性だけである。したがって女性には友情を交わすことができない。女性同士の友情というのは、男性同士の友情に比べれば劣ったものであり、それは真の友情と呼ぶには値しない。そのような見方を、右の三者は共有している。

しかし、当然のことながら、女性にも友情はある。その形は男性同士の友情とは違ったものかも知れない。しかし、そうであったとしても、女性的な友情は、男性的な友情と同じ権利をもって、友情と呼ばれるに値するはずである。では、そもそも女性的な友情とは何だろうか。そして、なぜ、男性的な友情と女性的な友情の間に、違いが生じるのだろうか。

この問いは慎重に扱われなければならない。性別を男性と女性に二分すること自体、極めて素朴な発想である。また、すべての男性が男性的な友情を交わすわけではないし、すべての女性が女性的な友情を交わすわけではない。それはあくまでも、議論の大局を見定めるための、大雑把な単純化として受け取っていただきたい。そうした単純化は多くのことを見落とすことになるだろう。それでも、男性中心主義に支配されてきた伝統的な友情観を相対化し、そのオルタナティヴを探るために、このような視点に立つことは無意味ではあるまい。

フェミニズム思想の先駆的な哲学者として知られるシモーヌ・ド・ボーヴォワールは、女性が体験している社会の息苦しさを描き出す過程で、女性同士の友情の特異性を分析している。本章では、そうした彼女の議論を参照することで、友情の新たな相《そう》貌《ぼう》を探ってみたい。

好意の表明

女性の友情とは何か。この問いを考える前に、まず、その典型例と呼べるものを題材として取り上げてみよう。

椎《しい》名《な》軽《かる》穂《ほ》の代表作に、『君に届け』という作品がある。物語の舞台は北海道のとある高校である。主人公の黒沼《くろぬま》爽《さわ》子《こ》は、素直な性格でありながらも見た目が陰気であり、小学生の頃から「貞子」と呼ばれていた。同級生から避けられており、彼女には親友と呼べる人が一人として存在しなかった。そんな彼女が、学校生活での様々な経験を通じて、成長していく過程を描きながら、物語が展開していく。

この作品の魅力は、なんといっても、脇を固めるキャラクターたちの個性である。主人公と友情を交わす同級生の吉田《よしだ》千鶴《ちづる》と矢野《やの》あやねも、読者から大きな人気を集めている。単行本第二巻では、そんな三人の友情がどのように形成されていったのかが描かれる。

　吉田と矢野はもともと親友だった。二人は黒沼に興味を示し、彼女と友達になりたいと思っていた。二人は教室のなかで一目置かれる存在で、吉田は地元で知らない人がいないほど喧嘩が強く、また矢野は恋愛経験が豊富なことで知られていた。黒沼もそんな二人の姿に憧れを抱いていた。しかし、今まで誰とも友達になれなかった彼女は、自分から二人に歩み寄ることができず、関係性を構築できない。自分なんかが関わってしまったら、きっと彼女たちの株を下げ、後悔することになるだろうと、自ら距離を取ってしまう。しかし、それでも二人と友達になりたいという気持ちが、日に日に強くなっていくのを感じる。

　そんなある日、黒沼は、トイレでクラスの女子たちが吉田と矢野のあらぬ噂を話し、誹謗《ひぼう》中傷して笑っている場面に遭遇してしまう。我慢できなくなった彼女は、女子たちの前に立ちはだかり、誹謗中傷の撤回を要求する。しかし、多勢に無勢。反対に女子たちから返り討ちに遭い、黒沼は取り囲まれ、足蹴にされながら侮辱される。

　そこへ、騒ぎを聞きつけた吉田と矢野が駆け付けてくる。二人は女子たちを追い払い、黒沼を救出する。三人になったトイレのなかで、黒沼は二人に対する気持ちを次のように訴える。

私は……矢野さんと吉田さんが傷ついた時に
どうやってなぐさめられるかもわからないけれど
だけど……私　一緒にいたい
矢野さんと吉田さんと今みたいに　ううん　もっと
もっと仲良くなりたい

もしも　また誤解がうまれたら　何度でも　何度でも
何度でももとくよ

私…………
やのさんと吉田さんと
……ともだちになりたい…………

椎名軽穂『君に届け』②／集英社

それに対して、感極まって涙を流しながら、吉田は次のように言葉を返す。

しってる？　あたしたち
あんたが可愛くてしょーがないの
…しってる？
友達ってね　気づいたらもうなってんの！

序盤の名シーンだ。それまで友達のいなかった黒沼が、自分の願望に素直になり、心の檻から一歩外に出た瞬間である。

ここには男性同士の友情には見られない、女性同士の友情に特有な関わり方が表現されているように思える。それは、友達に対して自分が思っていることをそのまま伝えるということ、そして、「ともだちになりたい」や「あんたが可愛い」など、友達への好意を言語化しているということである。

このような形で友達に好意を伝えることは、男性同士の友情においてはほとんど行われない。もしもそれが行われれば、その関係は友情よりもさらに親密な関係である、と見なされ

椎名軽穂『君に届け』②／集英社

るだろう。そしてそれは、漫画などの作品の表現においても同様である。

たとえば『ONE PIECE』において、ルフィは何度も仲間に対して自分の友情を証明しているが、多くの場合、それは仲間の窮地を助けたり、仲間とともに戦ったりといった、具体的な行動によって示される。ルフィは仲間に対して、「おれはお前のこと好きだ」とか、「お前が可愛くてしょうがない」とは言わない。仮に、『君に届け』の世界にルフィが乱入していたら、黒沼を女子たちから救出した時点で、黒沼とルフィは友達だということになるだろう。

それに対して、黒沼はあくまでも吉田と矢野に自分の気持ちを伝えることを重視する。それは彼女にとって、二人と友達になるために避けることのできないプロセスであり、曖昧にしてはならないことだったのだ。そして、吉田と矢野もまた、そうであることを理解しているから、黒沼の言葉を遮《さえぎ》らずに最後まで聞き届けたのであろう。

性規範の欺瞞

もしも、『君に届け』において描かれる友情が、女性の友情の一つの理想形であるとしたら、そこには次のような特徴があると言える。すなわち、友達に対して好意を伝えることや、自分の内面を言語化することを重視する、ということだ。そしてそれは、反対に、男性の友情がそうしたことを必要としない、内面を共有することを重視しない、ということをも浮かび上がらせる。

　こうした特徴は社会学でも指摘されている。たとえば、男性と比べて女性の方が友達に対して互いの内面を語ることを重視する傾向にあり[*1]、また、そのように内面を語ることを重視するからこそ、女性は男性よりも、互いの相違点を理解し合おうとする相互理解活動や、仲が良いことを確認しようとする親密確認行動、また友達同士の間だけの絆を作り出す閉鎖的活動を多く行っていると言われる[*2]。

　なぜ、男性と女性の間に、このような違いが生じてくるのだろうか。

　おそらくそこには、**「男らしさ」**や**「女らしさ」**といった、規範が関係しているのではないだろうか。たとえば友達に対して自分の内面を開示したり、互いの関係が親密であることを確認したりすることは、男らしくないと見なされているのかも知れない。反対に、そうしたことを大切にし、相手への思いやりを持ち、そしてそれを相手に伝えることが、女性らしさと見なされているのかも知れない。

こうした、それぞれの性別に対して求められる「らしさ」は、性規範と呼ばれる。それは、その名が表す通り、それぞれの性別がとるべきとされる振る舞いの規範であり、そこから逸脱すれば批判の対象となるようなものである。

それでは、このような性規範は何に基づいているのだろうか。

このような疑問に対するもっとも素朴な考え方は、男性と女性の生物学的な差異に根拠を求めるものだろう。たとえば、男性と女性では脳の作りが違うとか、ホルモンが違うとか、遺伝子が違うとか、そうしたことである。このような言説に従うなら、男性も女性も、生物学的にその性別に生まれてきただけで、人間関係のあり方が決定されてしまう。そしてそのあり方を修正することは不可能である、ということになる。

それに対して、このような考え方に断固とした否を突き付けたのが、ボーヴォワールである。彼女は、性規範はあくまでも社会によって形成されるものである、と考えた。すなわち、「男らしさ」や「女らしさ」は、生物学的な身体の構造とは関係なく、社会によって割り当てられ、押し付けられ、教育されるものなのである。

性規範が社会によって形成されるということは、言い換えるなら、社会が変われば性規範も変わる、ということである。実際に、この世界には様々な社会が存在し、それに応じて男性と女性に求められる役割にも多様性がある。したがって、ある社会で「女らしさ」だと見なされている規範が、女性にとって不変の性質であると考えることは不可能である。そうである以上、私たちは、現在の性規範がおかしいと思えば、社会のあり方を変え、性規範そのものを変え、撤廃していくことさえできるはずなのだ。

しかし、性規範が社会的なものである、ということは、その社会が性規範に基づいて支えられている、ということでもある。そのため、社会の秩序の安定を願う人々、特にその社会の性規範によって利得を得ている人々は、社会が変化することを避けようとする。だからこそ、性規範は自然なものであり、変えることができない性質であると、子どもたちに信じ込ませようとするのだ。性規範を生物学的な根拠によって基礎づけようとする試みは、そのほとんどが、そうした願望に基づいた欺瞞に過ぎない。

ボーヴォワールの視点に従うなら、女性に特有な友情もまた、こうした性規範に基づいて形成されるものとして理解されなければならない。もちろん、だからといってその友情がすべて間違っているとか、なくなればいい、ということではない。その良いところと悪いところを客観的に理解するために、私たちはこの友情を女性がどのように経験するのかを、さらに詳しく考えていく必要がある。

女性らしさの形成

ボーヴォワールは主著『第二の性』において、女性に生まれた子どもたちが、女性らしさを教え込まれ、その性規範を内面化していく過程を再構成する。その出発点となるのは、人間がこの世界に生まれてきた瞬間に直面する、根源的な**「不安」**である。

子どもは母体から生まれてくる。子どもが生まれる前、つまりまだ胎児だったころ、子どもは母親の胎内に包まれていた。胎児にとって母親は自分が一体化できる場であり、自分を託し、自分と区別できないものである。しかし、出産によってその一体性には亀裂が入る。子どもと母親は別の肉体に切り離される。それは、子どもが母親から独立した自己を持つと同時に、場合によっては母親から見捨てられてしまうかも知れない、という事態を意味する。ボーヴォワールによれば、それが生まれてきた子どもの直面する、根源的な不安である。

この根源的な不安を解消し、失われた一体性を取り戻すために、子どもは母親に甘え、母親との身体的接触を求める。彼女によれば、このような母親への甘えは、性別に関わりなくすべての人間に生じるものである。誕生によって不安にさらされるという点において、男性と女性に区別はない。

しかし、離乳期になると、大人は子どもに対して、その性別に応じて異なる態度を示すようになる。男の子は母親から引き離され、すでに「小さな男の大人」[*3]であることを求められる。母親に愛嬌を使うことさえ禁止され、もはや母親を必要としない人間として振る舞うことを強いられる。つまり、根源的な不安を乗り越え、他者との一体性を求めないこと、誰かに守ってもらいたいと思わなくなることを、求められるのだ。それが男の子に要求される「男らしさ」の原型である。それに対して、女の子は依然として母親から愛され続け、「母親のスカートにまとわりついても許される」[*4]。すなわち両親は、男の子だけに、母親に甘えることを拒否し、自律することを要求するのである。

なぜ、男の子だけが自律していなければならないのだろうか。ボーヴォワールによれば、そうした疑念に対して父親は、「男の子により多くが要求されるのは、それだけ優れているからなんだと言い聞かせる」[*5]。独立した存在であるということは、不安に打ち勝つということである。そして、そのように不安を克服できるということが、「男らしさの誇り」[*6]である、と教え込まれるのだ。

それは、見方を変えれば、女の子にはそうした独立性が期待されていない、必要ないと見なされている、ということを意味する。ボーヴォワールは次のように述べる。

「女らしい」女の基本的特徴と見なされる受動性は、ごく幼い頃から、女のなかで培《つちか》われる特徴なのだ。しかし、それを生物学的条件であると主張するのは間違いである。実際にはそれは教育にあたる者たちや社会から押しつけられる運命なのだ。男の子が無限の可能性をもつのは、他人に対して存在する彼の在り方そのものが、彼に自分に対して自分を定めるように仕向けるからである。彼は世界に向かう自由な運動として自分の存在を鍛錬しようとする。彼は他の少年たちと厳しさや独立心を競い合う。女の子を軽《けい》蔑《べつ》する。木によじ登り、仲間とけんかしたり、激しいゲームで彼らと対抗したりして、自分の肉体を自然を征服する一つの手段として、闘いの一つの道具としてとらえる。[*7]

（『第二の性』）

このようにして、子ども時代の非常に早い段階から、男性のコミュニティにおける女性の排除が始まる。母親から独立しようとする男の子は、この世界の主体として無限の可能性に開かれ、そしてその可能性に挑戦する存在として、自分を理解する。それに対して、女の子はそうした主体として生きる可能性を教えられないまま、育てられる。母親に依存することをいつまでも許されるからこそ、他者に頼るものとして、他者の庇護《ひご》のなかで存在するものとして、自分を理解する。それが「女らしさ」の**「受動性」**として、女の子の心に刻まれるのである。

しかしボーヴォワールの考えに従えば、そもそも人間は、性別の違いに関係なく、この世界の無限の可能性に立ち向かう主体である。そこに男性か女性かという違いはない。だからこそ女性は、人間としてはそうした可能性に開かれているにもかかわらず、教育によってその可能性を閉ざされるのである。男の子が、世界に対して自分の力で反抗できるのに対して、女の子は、世界をただ受け入れるだけであり、自分の属する世界を耐え忍ぶだけである。それが「男らしさ」と「女らしさ」であると見なされていくのだ。もしも女の子が、男の子と同じように、世界に対して自分の主体性を発揮しようとすれば、それは「女らしくない」と言われて批判され、主体性の芽を摘まれてしまう。

主体性を発揮できない、ということは、自分が何者であるかを確認できない、ということでもある。ボーヴォワールによれば、そのようにして女の子は、自分の内面に対して恐れを抱く。自分の内面で何が起きているのかがわからず、謎めいた不安を感じる。このような不安を解消するために、女の子に与えられるものが、人形である。女の子にとって人形とは「もう一人の自分《アルテル・エゴ》」[*8]であり、その人形に自分を投影することで、世界の可能性に自分を投げかけるのとは異なる形で、自分のアイデンティティを確認するのである。

しかし、このように人形を通じてアイデンティティを確認するということは、人形のように愛されるものとして自分を認識する、ということでもある。それは自分を**「客体《きやくたい》」**にする、ということに他ならない。しかし客体になるということは、同時に自分の主体性を諦めるということ、自分のことを愛してくれる他者に自分を依存させる、ということを意味する。このようにして女性は、「生きた人形として扱われ、自由を禁じられ」[*9]、自らの主体性を断念せざるをえなくなる。

それは紛れもない抑圧である。なぜなら、前述のように人間は、性別に関わりなく、世界の可能性に挑戦する自由を持っているからである。女性は、そのように当然行使できたはずの自由を、社会によって奪われているのだ。

もう一つの世界

男性だけに主体性を認め、女性を客体に押し留める社会において、女性は自らの主体性を否定され、抑圧される。では、そうした女性らしさを押し付けられている女性にとって、友情はどのような意味を持つのだろうか。

　第一章で見た通り、アリストテレスは友情を男性的な関係として捉え、その完全なあり方を、他者に依存しない自律的な個人同士の関係として説明した。これは、男らしさを自律性として説明するボーヴォワールの思想と一致する。そうであるとすると、女性を構造的に抑圧する社会において、女性にアリストテレス的な友情を交わすことができないのは当然である。それは、もともと女性にそうした資質が欠如しているからではなく、社会がそうした資質を女性から奪っているからだ。

　だからこそ、女性は男性とは違った形で友情を形成する。ボーヴォワールは次のように述べる。

> 　うまく維持したり生み出したりすることができた女の友情は女にとって貴重である。女の友情には男たちが知っている人間関係とは非常に異なった性格がある。男たちは、それぞれに固有の企てを自分の考えをとおして個人として伝えあう。女たちは女の運命

という一般性に閉じ込められていて、一種の内在的共謀、暗黙の了解によって結びついている。そして、まず、女たちがお互いに求めるのは、自分たちに共通の世界を確認することである。女たちは意見を競わない。打ち明け話や対処の仕方を交換する。女たちは結束して、男の価値に優《まさ》る価値をそなえた一種の反・世界を作り出す。[*10]

（『第二の性』）

男性中心主義的な社会において、男性には多様な可能性が開かれている。男性が友情を交わすとき、男性たちは互いが違った人生を生き、違った理念を掲げ、違った夢のために生きている。だからこそ男性は、「それぞれに固有の企て」、つまり自分の人生の生き様を友達と語り合うことができる。それに対して、女性はそうした可能性を抑圧されている。女性は「女の運命という一般性に閉じ込められて」いるのであり、あたかもすべての女性が同じ人生を生きているかのような感覚を催させる。女性同士の友情は、そうした、すべての女性を飲み込み押しつぶす運命によって、いわばその運命の共通性に支えられているのであり、そこでは「自分たちに共通の世界を確認すること」が求められるのである。

第三章で述べたように、ニーチェもまた、男性的な友情を理想とし、彼はそれをライバルが交わす友情として説明した。そこでは、友達同士は互いの夢を追いかけ、友情を超えたものに向けて成長することを目指し、必要があれば友達に対して敵として立ちはだかる。

それに対して、そうした主体性を抑圧されている女性は、「意見を競わない」。なぜなら、どんなに友達と競ったとしても、敵として立ちはだかったとしても、女性を支配する社会の抑圧に抵抗することはできないからだ――無論、そうした抵抗が無力であることを、社会によって教え込まれているからだ。

ニーチェは、そのように互いに競い合うことがない女性同士の友情を、軟弱な関係として軽蔑していたかも知れない。しかし、女性同士の友情が軟弱だという指摘は、まったく当たらないだろう。なぜなら、女性が友情によって形作るネットワークは、単に現実を追認するだけのものではなく、「男の価値に優る価値をそなえた一種の反・世界」を作り出すからである。女性は、そのなかでは男性の主体性がまったく機能しなくなる、現実とは別の世界を、友情のなかに創出するのである。そのネットワークは、「打ち明け話や対処の仕方」を情報交換することで、男性が入り込むことのできない結界を形成するのである。

女性の友情の規範性

前述の通り、現代の社会学では、友情のあり方に性別による違いがあることが指摘されている。女性の方が男性よりも、自分の情報を友達に開示し、互いの思いを言語化し、相手に対して抱いている気持ちを伝えようとする。

このような傾向は、ボーヴォワールの分析とも共鳴する。女性同士の友情において、互いの内面を共有することが重要なのは、それが、現実の世界から隔絶されたもう一つの世界を作ろうとするからである。現実の世界では語られないこと、そこでは易々《やすやす》と口に出せないことを、友達にだけ伝えることで、友達との世界は現実の規範から切断されるのだ。

ただし、女性同士の友情のなかに現れる、いわば「もう一つの世界」は、決して、何の規範もない自由な楽園、というわけではない。むしろそこには、現実の社会とは異なる、別の規範が張り巡らされている。ボーヴォワールによれば、「女たちは自分たちに固有の領域を定め、推し測り、検討しなければならない」のであって、「女たちに協力を求めて、一種の『仲間の規範』、女に固有の道徳の掟《おきて》を定めるのである[*11]」。女性同士の友情は、こうした規範の厳守を要求する。場合によっては、それは現実社会の規範よりも、あるいは男性が服している規範よりも、はるかに厳密で繊細でありえる。「女たちが女友だちの行動をあれこれと論評したり、批判したりするのは単に悪意からだけではない。女は、それらを判断し、自分自身で行動するために、男よりずっと多くの道徳規範を考え出す必要があるのだ[*12]」。

それでも、そうした規範に従うことは、女性にとって価値がある、とボーヴォワールは指摘する。なぜなら、女性らしさを押し付けられ、主体性を奪われている女性たちは、現実の世界に留まる限り、常に女性らしくあることを演技しているのであり、安心して自分自身でいることができないからである。

> 女は非本来的な他者として自分を受け入れるふりをすることで、嘘をつく。身振りやおしゃれや慎重な言葉使いをとおして、男の前に想像上の人物を作り上げることで、嘘をつく。こうしたお芝居には絶え間ない緊張が必要とされる。夫のそばで、恋人のそばで、女という女はみな、多少とも「私は私自身じゃない」と思っているのだ。[*13]
>
> （『第二の性』）

友達との約束や交際に振り回されている女性に対して、「だったら友達なんか作らないほうが自由なんじゃないか」と言うことは、ボーヴォワール的な見地に立つなら、女性の友情をまったく理解していない発言である。なぜなら女性は、その友情の外側では常に抑圧され、自由を奪われているからだ。だからこそ、そこで主体性を発揮できる場として、友情という「もう一つの世界」が必要になるのである。

友情の壊れやすさ

女性は、互いの考えを語り合うことによって、苦悩を分かち合い、共有し、共感する。そうした共感が可能なのは、女性が生物学的な特性として共感能力が高いからではなく（そうした役割を女性に押し付けること自体が性規範である）、そうした苦悩が多くの場合、社会による女性への構造的な抑圧に根差しており、だからこそそうした苦悩がどの女性にとっても他人事ではないからだ。

ただし、このように、女性同士の友情が新たな居場所を作り出すからといって、そこがいつまでも安住の地になるとは限らない。むしろ、ボーヴォワールによれば、「女どうしの親しさが真の友情にまで高まることは稀《まれ》である」[*14]。なぜなら、「女どうしの相互理解はお互いに同一視し合うことから生じるが、だからこそ、女は自分の女友だちを疑ってかかる」[*15]からである。

前述の通り、女性の友情は女性が強いられている苦境の一般性によって支えられている。「こんなひどいことがあった」「あんな腹が立つことがあった」という情報を交換することで、互いが同じように社会から抑圧されていることを確認し、その辛さを共感する。それが互いを同一視するということである。しかし、このような友情を成り立たせるために、友達同士は本当に「私」と相手は同じ状況にあるかを詮索するのである。

そして、もしもその同一性を疑わざるを得ない要素が入り込むと、関係性には簡単に亀裂が生じる。ボーヴォワールによれば、そうした亀裂を生むもっとも典型的な出来事は、友達に男性の恋人ができることである。

> 二人が仲がよければよいほど、二人の共存は危ぶまれる。打ち明け話を聞かされる方の女はしだいに恋をしている女の目をとおして見、その心、その肉体で感じるようになる。彼女はその恋人に引きつけられ、女友だちを魅惑しているその男に魅せられる。彼女は、

信義ということがあるから、自分の感情に流されたりはしないと思っているが、自分はどうでもよい役を演じているだけだということに苛立ってもいる。やがて、女友だちの恋人に身を任せてもよい、身を捧《ささ》げてもよいという気になってくる。多くの女は、用心深いので、恋人ができるとすぐ「親友」を避ける。この両面感情《アンビヴァレンツ》のせいで、女たちは相互の友情に安らぐことがほとんどできないのだ。[*16]

（『第二の性』）

それまで仲のよかった二人の女友達の一方に、ある日、男性の恋人ができる。この出来事はこの友情に対してどのような影響をもたらすだろうか。前述の通り、女性同士の友情は互いを同一視する。そうである以上、友達が恋人に魅了されている姿を見て、自分もその友達の恋人が魅力的に見えてしまう。しかし、その恋人はあくまでもその友達のものなのだから、両者の間には衝突が起きる。魅力的な恋人のいる友達が充実しているのに対して、恋人がいない方の友達は、自分が「どうでもよい役」を演じていると感じる。そのようにして、二人はもう互いを同一視することができなくなる。そして、そうなることをわかっているからこそ、女性は恋人ができると自ら親友から離れていくと、ボーヴォワールは指摘する。

世界を作り出す力

ボーヴォワールの友情論の大きな特徴は、女性に特有な友情のあり方を、生物学的な性別に由来する特徴として説明するのではなく、社会による女性への抑圧の産物として説明する点にある。この意味で、伝統的な友情観が男性的なものであるとして、それに対して女性的な友情に可能性があると、楽観的に語ることはできない。

実際に、ボーヴォワール自身も、このような女性の置かれている状況は、あくまでも改善されるべきものであると考えていた。彼女は、社会が女性を抑圧することを止めると同時に、女性自身もまた、そうした女性らしさに囚われることなく、自分自身を眺められるようになるべきだと指摘する。そのようにして、社会に根差す性差別が改善されていけば、それに伴って現在の女性的な友情のあり方も変容するだろう。彼女は次のように指摘する。「もし両者［男性と女性］とも、ほんものの誇りにそなわっているあの明晰《めいせき》な慎み深さで、自分の条件のあいまいさを生きるなら、彼らはお互いを同類だと認め合い、友情をもって性愛のドラマを生きられるだろう」[*17]。すなわち、女性の友情を成り立たせていた抑圧の共通性は解消され、同時に男性同士の友情に根差していた女性への軽蔑も解消される。それによって、男性と女性の友情を妨げるものは何もなくなる。そしてそれは、「性愛」の関係においてさえ、相手を友達として認めることができる、ということを意味する。

ここで一瞬立ち止まりたい。ボーヴォワールは友情と性愛が両立すると考えている。しかしそれは本当だろうか。私たちは、友情と恋愛を区別しているし、相手に恋愛をしてしまったら、もはや友達にはなれないと思っているのではないか。友情と恋愛は区別されるべきなのか、それとも両立しうるのか。これは極めて重大な問題であるため、次章において、別の哲学者とともに考えていこう。

ただし、ボーヴォワールが消極的に評価しているのであったとしても、彼女によって分析された女性の友情には、伝統的な友情観には見られない積極的な意義も見出せるように思える。それは、友情が現実から切断された自分たちの居場所を、「もう一つの世界」を作り出す力を持つ、ということである。

男性中心主義的な社会において、女性は抑圧され、傷つけられている。だからこそ、その社会から切断された別のリアリティが、友情によって形成される。もちろんそれは、互いの同一視や相互疑念による息苦しさをもたらしもするだろう。しかし、少なくとも、社会に居場所を持てない人々に、そこでなら自分自身でいられる空間を創出できるという意味で、友情には大きな意味があるに違いない。こうした、世界を作り出すという力は、男性中心主義的な伝統的友情観には見られない。なぜなら、そこで男性は自律的な存在であり、決して傷つけられず、社会に自分の居場所を持っているものと見なされるからだ。

「もう一つの世界」を作り出す力は、女性に限らず、この世界で傷つけられ、抑圧され、居場所を奪われている人々にとって、友情の大きな価値になりえるだろう。そしてそこには、伝統的な友情観とは異なる、人間の弱さや傷つきやすさに立脚した友情の可能性が示唆されているのではないだろうか。

『君に届け』の黒沼は、吉田と矢野の前だからこそ、自分が本当に思っていることを、言葉にして表現することができた。そのようにして友情は、自分を語ろうとする勇気を友達に与え、言葉を信頼する力を取り戻させるのではないだろうか。そしてそこに、伝統的な友情観において完全に見落とされてきた、友情の真価があるのではないだろうか。

＊1　和田実「同性友人関係：その性および性役割タイプによる差異」六七 - 七五頁（『社会心理学研究』所収、第八巻第二号、一九九三年）

＊2　榎本淳子「青年期における友人との活動と友人に対する感情の発達的変化」一八〇 - 一九〇頁（『教育心理学研究』所収、第四七巻第二号、一九九九年）

＊3　ボーヴォワール『［決定版］第二の性 Ⅱ 体験［上］』一七頁（『第二の性』を原文で読み直す会訳、新潮文庫、二〇〇一年）

＊4　同前、一六頁

＊5　同前、一八頁

＊6　同前

＊7　同前、三三頁

＊8　同前、三〇頁

＊9　同前、三四頁

＊10　ボーヴォワール『［決定版］第二の性 Ⅱ 体験［下］』一二八頁（『第二の性』を原文で読み直す会訳、新潮文庫、二〇〇一年）

＊11　同前、一二九頁

＊12　同前

＊13　同前、一三〇頁

＊14　同前、一三四頁

＊15　同前

＊16　同前、一三六頁

＊17　同前、四七〇‐四七一頁。［　］は筆者が補足。

第六章 友情と恋愛の違いは何か

——フーコー

ARISTOTLE
IMMANUEL KANT
FRIEDRICH WILHELM NIETZSCHE
SIMONE WEIL
SIMONE DE BEAUVOIR
MICHEL FOUCAULT
ALASDAIR MACINTYRE

――彼らは、いまだに形を持たぬ関係を、AからZまで
発明しなければなりません。そしてその関係とは友情なのです。

ミッシェル・フーコー

MICHEL FOUCAULT

（1926〜1984）

男女の友情は可能だろうか。筆者が授業で学生にそう問いかけると、返ってくる答えはほぼ半々に分かれる。

不可能だという学生の多くは次のように答える。最初は友達だと思って関わっていたのに、えてして次第にその関係性は恋愛めいたものに変わってしまう。自分が相手のことを好きになってしまうこともあれば、相手から自分が好意を寄せられてしまう、ということもありうる。そうした危険性があるからこそ、異性の友達とは同性の友達と同じように接することができない。だからそれは本当の友情ではない。

この意見はもっともかも知れない。しかし、そこには一つの前提が潜んでいる。それは、友情と恋愛は区別されるべきであり、両者は水と油のように相反するものである、ということだ。もしも二人の関係性が友情であるなら、それは恋愛ではない。反対に、もしも二人の関係が恋愛であるなら、それは友情ではない。両者が交じり合うことは基本的にありえない。

しかし、この前提は本当に正しいのだろうか。なぜ、私たちはそのように考えるのだろうか。本章では、このような問題について、現代フランスの哲学者ミッシェル・フーコーの思想を手がかりに、考えてみたい。それによって、私たちが思い込んでいるほど、簡単に友情と恋愛の間に線を引けるのかを、問い直してみよう。

問題の整理

少し問題を整理しておこう。

前述の通り、男女の友情を信じない人は、その関係が恋愛へと変化しうるという点を憂慮《ゆうりょ》する。そのとき、具体的に「恋愛」という言葉で語られていることは、いったい何だろうか。

夢も希望もない言い方になるが、おそらくそれは、互いを性愛の対象として扱う、ということだろう。友達と性行為をすれば友情は破綻する。性行為が許されるのは、原則的には、恋愛の関係においてのみである。もちろん「セックスフレンド」と呼ばれる関係性もありえるだろう。しかしそれは、わざわざ「セックス」という言葉が後付けされていることからも明らかなように、普通ではない、特別で例外的な友情の形である。

そうであるとすると、友情と恋愛の違いは、相手を性的な対象として扱うことが許されるか否か、という点にあることになる。ただし、ここから男女の友情が困難であるということが、ただちに帰結するわけではない。なぜなら、人間は同性をも性的な対象として扱いうるからだ。友情と恋愛が区別されるということから、友情とはあくまでも同性同士の関係性であり、男女の友情には特別な配慮が必要であると考えるとき、私たちは潜在的に異性愛を前提としており、同性愛の存在を無視している。同性愛者にとっては、異性愛者にとっての男女の友情が直面するのと同じ困難さが、同性同士の友情においても生じる、と考えられるのだ。

それでは、そもそもなぜ、友達を性的な対象として扱ってはいけないのだろうか。

考えられる答えは次のようなものだ。すなわち、性愛の関係は恋愛によって独占されているからである。私たちが他者を性的な対象として扱うことができるのは、その他者と恋愛をしているときだけである。しかし、このような考え方はさらに次のような問いに行き当たる。すなわち、なぜ、性愛は恋愛によって独占されているのだろうか。なぜ、相手を性的な対象として扱うことは、恋愛という特定の関係性のなかでしか許されないのだろうか。

これに対するもっともシンプルな回答は、性行為は生殖と結びついているからだ、ということだろう。生殖をすれば子どもができる。そうなれば、両親はその子どもを養わなければならない。子どもを養うために、両親はその子どもに対して責任を負い、何らかの家族を組織しなければならない。しかし私たちは誰とでも家族になれるわけではない。一度家族になったら、簡単にその関係を解消することはできない。それが、いつでも解消の可能性に開かれている友情と、著しく異なる点である。だからこそ友達と性行為をすることは、その友情を破壊する、と考えられる。

しかし、この説明は不完全だ。なぜなら、性愛が必ずしも生殖に結びつくとは限らないからである。そもそも完全な避妊を講じればそうした可能性は生じないし、同性愛者であれば性行為をしても生殖できない。そうであるとしたら、友情と恋愛を区別しなければならない理由は、そもそも存在しないようにも思える。

それでも私たちは、友情と恋愛を混同することに、ある種の違和感を抱く。その違和感の起源はどこにあるのだろうか。なぜ私たちはこの二つの関係を区別したいと、いや、区別しなければならないと考えているのだろうか。

キリスト教とセクシュアリティ

本書ではこれまで、友情をめぐる多くの哲学者の思想を紹介してきた。しかし、もしも友情が恋愛から区別されると考えられているなら、私たちは恋愛についても真剣に考えなければならない。

　では、恋愛とは何か。この問題を考えるとき、私たちはついつい、恋愛に何かしらの本質があると想定してしまう。すなわち、時代や文化を超えて、あらゆる恋愛に普遍的に当てはまる性質があると考えてしまう。しかし、フーコーはこのような考え方を拒絶する。むしろ彼は、恋愛をめぐる私たちの価値観が、非常に長い時間をかけて歴史的に形作られてきたものだと考える。言い換えるなら、恋愛に普遍的な本質はない、ということだ。恋愛は、私たちが辿ってきた歴史の流れのなかで、たまたま今のような形になった。したがってこの概念のあり方は、もしもこの世界が違った歴史を辿ってきたら、別の形になることもありえたのだ。

　たしかに私たちは恋愛を人間関係のなかで特別扱いしている。しかしそれは普遍的な真理ではない。私たちが性をそこまで特別扱いするのは、そうすることを当たり前とする歴史的・文化的文脈のなかに、私たちが帰属しているからだ。そうである以上、この問題をめぐって私たちが考えるべきことは、そうした文脈がどのように形作られてきたのか、ということになる。

　フーコーによれば、西洋の思想史において、性は常に特別な道徳的関心の対象だった。その趨勢《すうせい》を決定づけたものは、紛れもなく、キリスト教である。周知の通り、『旧約聖書』の十戒の一つには、「姦淫《かんいん》してはならない」が含まれている。そこではみだりに性行為をすることが罪の一つと見なされ、そうした行為をする人間は、十戒を破った人間、すなわち罪を犯した人間として扱われた。

罪を犯せば地獄に落ちる。しかし、それを免《まぬが》れるための術《すべ》も残されている。それは、教会で自分の罪を告白する、ということだ。フーコーは、この告白という手続きがキリスト教社会の中で際立って重要であると考える。姦淫は、それ自体としては、十戒に違反する単なる行為である。しかし、その罪を犯した人は、告白することによって、自分が姦淫への欲望を持つ人間であることを意識する。それによって問題は、姦淫という違法行為ではなく、そうした違法行為をしたいと思ってしまった人間性へと移行することになる。フーコーは、このようにして性に関して構成される人間の本質を、**「セクシュアリティ」**と呼ぶ。そしてセクシュアリティには、キリスト教に適《かな》う正常なものと、罪を犯すことになる異常なものとが区別されるのである。

告白という伝統は、もともとはキリスト教の修道院制のなかで形作られたものであり、その後、社会全体に普及した。その過程で人々は、常に自分の性欲を意識するようになり、特にそれが異常なものではないかを、自ら監視しなければならなくなった。姦淫が罪である以上、人々は自分の性欲を厳しく統制しなければならない。唯一、キリスト教社会において許される性行為は、子どもを儲けるために家族のなかで行われるものだけだった。それ以外の性行為はすべて罪である。しかも、その性行為は、快楽のために行われてはならないのだ。

　このような社会において、キリスト教は一つの権力である。どのようなセクシュアリティが正常であり、また異常なのかを区別しているのも、そうした権力である。セクシュアリティによって自分自身を意識するということは、権力に基づいて、いわば権力の都合のよいように自分を客体化することを意味する。この意味において、こうした権力に服する人間は、自分のセクシュアリティを自分のものにすることができない。

　このような異様なまでの関心は、友情に対しては向けられなかっただろう。自分がどんな友情を交わすかということが、自分の人格の根幹に関わるなどとは、今も昔も考えられていなかったに違いない。この意味で、性と友情に対するキリスト教の意識には、かなりの温度差があった、と推測できる。

生権力の誕生

読者のなかには、そんなキリスト教の話は私たちと関係ない、と思われた方もいるかも知れない。たしかに、キリスト教と社会の距離感は、ヨーロッパと日本ではまったく異なる。しかし、私たちにとってフーコーの議論がまったく他人事ということにはならない。なぜなら、権力と性の関係は、資本主義の中に取り込まれ、そして世界中へ伝播《でんぱ》することになるからである。

資本主義とは、資本の蓄積と生産性の増大を目指す経済システムであり、一般に一八世紀の産業革命と同時に勃興《ぼっこう》したと考えられている。生産性を向上させるためには適正な規模の労働力が不可欠であり、十分な数の労働者が確保されていなければならない。したがって、資本主義的な国家を統治するうえで、人口は極めて重大な要素である。人口を維持できなければ資本主義は発展しようがないのである。

人口を制御すること、国民の生殖をコントロールすることは、国家にとって主要な政治的課題になる。そのためには、国家が国民に対して、理想的な生殖のあり方を提示し、刷り込まなければならない。人口の増加を必要とする資本主義国家にとって、理想的な国民の性愛のあり方は、あくまでも子どもを産むための生殖を中心としたものになる。それ以外の性愛のあり方が蔓延することは、国家の人口を不安定にさせかねない。だからこそ国家は、異性愛を正しいセクシュアリティとして定義し、そうした感覚を持つよう国民に介入するのである。それに対して、生殖に結びつかない性愛は倒錯《とうさく》的と定義され、そうしたセクシュアリティを持つ者は治療されたり、差別されたり、排除されたりする。

このようにして、生殖を中心とした異性愛を正常なセクシュアリティと見なす規範が、キリスト教から資本主義社会に継承される。こうした現象は現代の日本においても散見される。たとえば少子高齢化社会への対策として、生殖を中心とした異性愛を自明視するような発言が、政治家から飛び出すことも少なくない。「子どもを産みたいと思える世の中にしよう」という、世に溢れかえる言説にも、そうした規範が透けて見える。こうした言説の一つ一つが、権力によって定義された正常なセクシュアリティを人々に刷り込み、内面化させ、その規範に服従させていくのである。

フーコーは、このように生殖を司る権力を、**「生《せい》権力《けんりょく》」**[*1]と呼ぶ。伝統的に、権力者は異端者を処罰し、殺すことによって、自らの権力を維持していた。しかし、資本主義とともに出現した生権力は、経済成長を促すために、人々を生きさせ、生殖させ、長生きさせようとするのだ。殺すのではなく、生かすのである。

たしかに現代の日本社会では、ヨーロッパと比べれば、キリスト教の影響が少ないかも知れない。しかし、資本主義社会に生きている以上、私たちも生権力による支配にはさらされている、と考えていいだろう。だからこそ、私たちもまた、生殖を中心とした異性愛こそが正常であり、それ以外の性愛は倒錯的だと感じるのではないか。もしもそうした感覚が存在しうるのなら、それは決して自然に生じたものではない。権力によって刷り込まれた規範なのである。

そのように考えるとしたら、なぜ友情と恋愛が区別されなければならないのか、という問いに対する回答を、もう一段階掘り下げることができる。すなわちその理由は、私たちが心のどこかで、性愛は生殖を目的とした異性愛であるべきであり、そして生殖は排他的な恋愛関係を必要とする、と考えているからである。それに対して、先ほど述べたような、生殖を伴わない性愛の可能性があるということは、反論にならない。そうした性愛は倒錯的であり、異常な性愛だからだ。たしかに友情と恋愛を混同させる人々もいるかも知れない。セックスフレンドを作る人々もいるかも知れない。しかしそうした人々は倒錯的な恋愛をしているのであって、本来の恋愛をしているのではない。そうした規範を、私たちは生権力から刷り込まれ、疑うことができないほど、自分のものにしてしまっているのだ。

一方で、資本主義社会の発展にとって必ずしも本質的な要素とならない友情は、それによって権力による支配から免れている、と考えることもできるかも知れない。プロローグでも述べたように、友情の特徴の一つは、それが誰にも管理されないという点にある。そうであるとしたら、いまだ権力によって乗っ取られていない関係性として、友情はそこから自由な人間関係を紡ぎ出すことを可能にする源泉となりうるかも知れない。後述するように、フーコーもまたそのように考え、生権力に対抗する他者との関わりを、友情のうちに見出すことになる。

古代ギリシャにおける性愛

生権力による支配に抵抗するには、どうしたらよいのだろうか。私たちは性に関する規範の一切を無視するべきなのだろうか。しかしそれは、性欲の赴《おもむ》くままに、誰彼構わず性行為することを認める、放埓《ほうらつ》さを肯定することのようにも思える。しかし、それで本当によいのだろうか。

これに対して、フーコーの答えは否である。性的な放埒さを単純に肯定することはできない。では、どのようにして生権力に抵抗するというのか。彼は、その手がかりを探るために、古代ギリシャにおける性愛に注目する。

フーコーによれば、古代ギリシャにおいて、人々はキリスト教とはまったく違った形で、性愛を理解し、実践していた。そこには、姦淫が罪であるという戒律《かいりつ》もなければ、自分のセクシュアリティを告白するという伝統もなかった。だからといって古代ギリシャの人々が性に対して何の規範もなく、放埒であったわけではない。

たとえば、古代ギリシャの医学関連の文献では、しばしば性行為をどのように行うべきか、という規則が語られる。それは道徳的な規則であるというよりかは、健康に性行為するための**「養生法」**[*2]のような規則である。当時の人々も、性欲の赴くままに見境なく性行為を行うべきではない、と考えていた。しかしその理由は、性行為がそれ自体で罪だからではなく、見境のない性行為が不健康を招くからである。

性をめぐって、キリスト教と古代ギリシャを隔てる最大の違いは、同性愛に対する態度だろう。キリスト教において同性愛は倒錯と見なされた。しかし、古代ギリシャにおいてそれは、まったく反対に、美しい関係として賞賛されてきたのである。

もっともそれは、同性愛と異性愛が比較され、前者がより優れていると見なされていた、ということではない。そもそも古代ギリシャにおいて、同性愛と異性愛は区別されていなかった。そこでは、人々は美しいものを愛するのであり、愛された人が同性であるか異性であるか、ということは、副次的な問題でしかなかったからだ。そのため、ある人が同性を愛しているからといって、その人が「同性愛者」という特定の人格へとカテゴライズされることはなかった。付言するなら、こうしたカテゴライズこそがセクシュアリティであり、それはキリスト教において定着する発想である。

もう一つ、古代ギリシャの性愛が現代の考え方と大きく異なる点がある。それは愛が、能動的に愛する側と、受動的に愛される側に区別されていた、ということだ。愛し合う者同士がいるとき、二人がどちらも能動的に相手を愛することはできなかった。愛は相互的なものではない。それは常に、一方が他方を愛するという形で、つまり一方が愛の主体であり、他方はその一方から愛される対象、すなわち客体となる、という形で成立するのである。

なぜ、愛は一方的なものとして捉えられたのだろうか。フーコーによれば、それは、愛の営みそのものが、性行為における性器の挿入をモデルにして考えられていたからである。性行為が行われるとき、そこには必ず、挿入する者と、挿入される者が存在する。愛し合う二人が同時に相手に挿入することはできない。挿入する者は能動的であり、挿入される者は受動的である。その構図が、そのまま、愛の関係性と見なされたのである。

愛の困難

愛は、能動的に愛する人間と、受動的に愛される人間とによって成立する。このとき、能動的に愛する人間こそが主体性をもつのであり、受動的に愛される人間は、能動的に愛する人間の客体として扱われる。つまり、能動的に愛する人間は、受動的に愛される人間を、自分の愛を満たすための対象にしてしまうのである。

そうである以上、受動的に愛される人間は、相手から愛されることを受け入れることで、自らの主体性を失うことになる。そしてこのことが、当時の市民階級においては、しばしばトラブルを引き起こしていたという。なぜなら、市民階級の人間は自由で主体的であるべきなのに、愛されることによる客体化は、そうした市民としての主体性を傷つけることになるからだ。フーコーは次のように述べている。

> 自由民に属する男性が――しかも、生まれや財産や威信の面で、他の人々のなかで第一級の地位を占める、もしくは占めるはずの男性が――性行動において、下位の立場にあったとか支配を受けたとか隷属を受入れたとかの烙印を押されるかもしれない事態は、恥辱としてしか考えられないのである。[*3]
>
> （『性の歴史Ⅱ　快楽の活用』）

このことが特に深刻な問題となったのは、若者愛においてである。古代ギリシャにおいては、年長の男性と年少の男性との間の恋愛が慣行されていた。その際、能動的な役割を演じるのは年長者であり、若者は受動的な役割を引き受け、年長者からの愛の客体とされていた。しかし、若者はやがて市民として自立し、年長者と同じように主体性を発揮しなければならない。そのとき、かつて自分が年長者から愛され、客体として扱われていたという記憶は、深刻な葛藤を引き起こしかねないのだ。

当時の哲学者にとって、この矛盾は大きな問題だった。同性愛は慣行として認められている。社会はそれを当たり前にしている。しかしそれは構造的にトラブルを抱えている。同性愛をやめてしまえば、こうしたトラブルもなくなるだろう。しかしそんなことはできない。ではどうしたらよいのだろうか。

この問題に対して、革新的な解決策を提示した哲学者こそ、プラトン（Platōn 紀元前四二七年〜紀元前三四七年）だったとフーコーは評価する。プラトンは、ソクラテスの弟子であり、第一章で紹介したアリストテレスの師匠にあたる哲人だ。

フーコーによれば、恋愛をめぐるプラトンの問題関心は、「いかにして快楽の客体を、自分の快楽を支配する主体となすか」[*4]という点にあった。つまりプラトンは、恋愛において一方的に愛されている者、すなわち少年を、ただ受動的な役割を強いられるだけの存在ではなく、自分自身に対する主体性をもつ存在へと、位置づけ直そうとしたのだ。

彼が試みたのは、トラブルを引き起こす恋愛を人々にやめさせることではなく、トラブルが起きないように、恋愛そのものの定義を変える、ということである。では、その変化はどのようなものだったのだろうか。

結論から言えば、プラトンは、主体が客体を一方的に愛するという関係から、両者がともに自分自身に対して主体性を発揮するという関係へと、恋愛のあり方を変換しようとした。彼の恋愛論は『饗宴《きょうえん》』や『パイドロス』に示される。そこで論じられるのは次のような考え方だ。

恋愛をするとき、まず二人は互いの肉体の美しさに魅せられる。しかし、肉体の美しさは時間とともに消滅する。だからそれは美しさとしては不完全である。それに対して、魂の美しさはより完全である。したがって、愛し合う二人は、不完全なものから完全なものへ、互いの魂の美しさへの愛へと移行しなければならない。

では、魂の美しさとは何だろうか。プラトンは、その魂のうちに、真理が示唆されているということが、魂の美しさであると考えた。真理は普遍的なものである。普遍的なものである以上、その真理は、愛し合っている二人の人間を超えたものである。そのようにして、愛し合う二人は、自分たちを超えた真理への愛へ、さらに移行することになる。

プラトンはこのようにして、愛を、愛し合う二人の間の関係としてではなく、その二人を超えたものへの愛として説明する。その普遍的な真理に対して、愛し合う二人はともに不完全であり、協力し合う関係にある。そのとき、愛されている者は、もはや決して単なる客体ではない。むしろ、普遍的な真理を目指すという点で、自分を愛する相手とある意味で対等な存在として認められることになる。

プラトンはこのように考えることで、古代ギリシャにおける同性愛に潜む構造的な暴力を解決しようとした。私たちが相手を愛するとき、相手を「私」の欲望の対象とするべきではない。「私」の快楽の客体とするべきではない。そうしてしまったら、「私」は不完全な愛に留まることになる。それは本当の意味で相手を愛しているとは言えないのだ。「私」が本当に相手を愛しているなら、「私」は相手の主体性を尊重するべきであり、自分の欲望を制限しなければならない――つまり、禁欲しなければならないのである。

ここには、一般に言われるような、理想主義的なプラトンの哲学の特徴が表れてもいる。すなわち彼は、愛を、現実の世界を超えた理想としての、超越的な真理から説明したのだ。哲学史的な話をするなら、それに対して弟子のアリストテレスは、相手とともにいること、生活をともにすることを愛における重要な要素と見なした。彼はプラトンよりも現実主義的であると言える。そのうえ、プラトンが若者愛を念頭に置いて論じた愛が、アリストテレスにおいては市民同士の友情として論じられる。このように、プラトンとアリストテレスの対比は哲学史的にみると興味が尽きないテーマである。

重要なのは、生権力がまだ出現していなかった古代ギリシャにおいても、人々は性に関して一定の制限を加え、禁欲を実践していた、ということである。そこでは、生殖を中心とした異性愛が正常と見なされていたわけではない。しかし、だからといって性的な放埒さが蔓延していたわけでもなかったのだ。

　フーコーは、古代ギリシャにおけるこうした禁欲の実践のうちに、人間が自分の生を自ら形作ろうとする努力を洞察する。恋愛のために禁欲する人は、快楽を求めようとする自分自身に打ち勝とうとする。その克己心は、もはや、他者を自分に服従させること、他者の主体性を否定することによって形成されるのではない。むしろそれは、他者を配慮するために自分の欲望をコントロールすること、「自分自身にたいして行なう完全な統御[*5]」を意味するのである。

　この意味において、古代ギリシャの禁欲は、キリスト教における禁欲と、根本的に異なっている。キリスト教の禁欲は、性欲が罪であり、権力によってそう教え込まれることによって、成立していた。しかし古代ギリシャの禁欲は、そうした権力とは無関係に、一人ひとりの人間が、自分自身を支配するために実践されていたのである。だからこそ禁欲する者は、権力に支配されたものではなく、自分自身の支配者であることを自負できたのだ。

フーコーは、このように自分の生を自分で形作るために禁欲することを、**「生存の美学」**と呼ぶ。それは、「熟慮や意志にもとづく実践」であり、「自分自身を変容し個別の存在として自分を変えようと努力し、自分の生を、ある種の美的価値をになう、また、ある種の様式基準に応じる一つの営みと化そうと努力」[*6]することでもある。

禁欲を生存の美学として捉えるなら、私たちは友情と恋愛の関係を、今までとは違った形で理解できるのではないだろうか。友情と恋愛の区別が、相手を性的に扱うか否かという点にあり、性的に扱うなら恋愛関係になり、そうではないなら友情が交わされると考えるとき、私たちは生権力に支配されている。すなわち、資本主義社会の発展に資するよう、生殖を中心とした異性愛を自然なものとする規範を、内面化している。それは、自分の生き方を自分でデザインする可能性が、権力によって奪われた状態に留まることを意味する。

では、こうした規範を無視し、友達を性的に扱うことが、私たちの自由を回復することになるのだろうか。たしかにそれは生権力への抵抗にはなるだろう。しかし、それは友達を快楽の客体として扱うことになり、友達との関係を毀《き》損《そん》することになりかねない。何より、そのとき「私」は自分の欲望の奴隷になるのであり、結局のところ、本当の意味で自由を取り戻しているとは言えない。

それに対して、友達を性的に扱うことを断念し、自らに禁欲を課すなら、私たちはそれによって、自分の人生を形作る自由を取り戻すことができる。友達がどんなに魅力的でも、友達には手を出さない、という信念に従うことができるとき、「私」は自分自身を支配し、自分の主人として、誇りをもって他者と関わることができる。「私」は、自分がどんな人間でありたいのか、他者とどのように関わりたいのかを、自分で選択し、自分でデザインすることができるのだ。それが、生存の美学の発揮に他ならないのである。

同性愛者の友情

もっとも、このように考えることはミスリーディングでもある。そもそも、なぜ、性の問題がそんなに重要なのだろう。相手を性的な対象として扱うか否かということが関係性を決定する、という、この発想そのものが、生権力のなかで形成されたものに過ぎない。私たちが生存の美学として自由を回復するなら、重要なのは自分の人生をデザインすることであって、性に関する禁欲はそのなかの実践の一つでしかないのだ。私たちが考えるべきなのは、友達とどのように関わる人間でいたいのか、目の前の相手とどのように関係する自分でいたいのか、ということである。性の問題はそのなかに付随するものでしかない。

フーコーは、このような問題が鋭く問われる関係性として、同性愛者の友情を挙げている。生殖を中心とする異性愛を前提とする生権力において、同性愛は自然に反するものと見なされ、排除されている。それは、私たちが「当たり前」だと思い込んでいる友情と恋愛の概念的な体系のなかに組み込むことができず、それを混乱させる関係性である。だからこそ、同性愛者は同性と友達になろうとするとき、大きな困難に直面する。

たとえば、異性愛が「当たり前」であると語られる社会のなかで、異性愛者が同性の友達と二人で旅行に行くことは何ら不思議ではない。周囲に対してそれを話しても何の問題も生じない。しかし、同性愛者にとってはそうではない。同性愛者の友達同士が二人で旅行に行くことは、異性愛者がそうするのとは、違った含意を持つ。だからこそ、同性愛者は社会のなかで「当たり前」とされているような形で友達と関わることができないのだ。

私たちは、知らず知らずのうちに、社会で決められた「友達とするべきこと／友達とするべきではないこと」の規範に従っている。たとえば友達を性的に扱ってはいけない、ということはそうした規範の一つだが、それだけではない。友達であればSNSの非公開のアカウントを共有するのが「当たり前」であり、友達であれば大学の授業のノートを見せ合うのが

「当たり前」であり、友達であれば終電過ぎまで酒を飲んで家に泊めるのが「当たり前」である。こうした細々とした規則が、社会のなかで「友達ってこういうものだよね」という規範を形成している。その規範に従っているとき、私たちは自分が普通の友達関係を営んでいるということを確認できる。それによって、自分がまともであることを確信できるのだ。しかしこの「当たり前」に盲従することは、結局のところ、生権力に支配されることを意味する。

しかし、そうした規範から排除されている同性愛者は、他者と友情を交わそうとするとき、「当たり前」に従うことができない。その代わりに、友達との関係性を、自分自身で創り出していかなければならないのだ。フーコーは次のように述べる。

> 彼らは、武器も、型通りの言葉も、お互いを相手の方へと導く動きの意味について彼らを安心させるなにものもなしに向かい合います。彼らは、いまだに形を持たぬ関係を、AからZまで発明しなければなりません。そしてその関係とは友情なのです。言いかえるならば相手を喜ばせることができる一切の事柄の総計なのです。[*7]
>
> （『同性愛と生存の美学』）

このようにして形成される友情は、もはや、恋愛とは区別された別のカテゴリーとしての友情、つまり「恋愛とは区別されるところの友情」ではない。むしろそれは、社会の規範に縛られることなく、相手のことを考え、自分と相手の間に新しい関係を打ち立て、関係性を創出しようとすること、そうした他者との関わり方そのものである。そしてこのように友情を形成することによって、「私」は、権力に支配されるのとは違った形で、自分の人生を規定し、デザインすることができる、とフーコーは考えるのだ。

「良い塩梅」を探すこと

ＫＡＩＴＯの漫画『青のフラッグ』は、同性の親友から告白された高校生・一ノ瀬太一《いちのせたいち》の苦悩と決断を、見事に表現している。そこには、恋愛と友情の狭間で、すべての常識や偏見を捨て去って、親友と向かい合おうとする主人公の姿が、丁寧に描写される。

太一には、幼馴染の親友・三田桃真《みたとうま》がいた。高身長で野球部のキャプテンも務める桃真は、クラスの人気者でもあった。太一は、桃真が異性愛者であり、自分とは単なる友達関係にあると考えていたが、実は桃真は太一に対して恋愛感情を抱いていた。ある日、桃真は太一に対して自分の気持ちを告白する。しかし、困惑する太一は、その告白に応答することができない。

二人の関係はクラスで噂されるようになる。そして、太一も桃真にどう接すればよいのか、わからなくなる。二人の間には距離ができ、それを察した桃真は、学校に来なくなってしまう。

太一は、自分の気持ちを桃真に伝えるために、彼の家にやってくる。そして、海岸線に連れ出して、彼に次のように語りかける。

オレの気持ちは
お前と同じじゃないんだろうけど
でもたしかにここにあって
周りにどう思われるかとか
みんなと比べて自分はどうかとか
抜きにしたらさ

やっぱオレ
お前といるの好きなんだよ

オレ一人で考えても
結局オレの考えなだけだったから
ちゃんと話そうぜ
話して
お互い
なんかこう…
な…なんか…
良い塩梅の…こう…

桃真と友達でありたい、と太一は訴える。しかし、彼が強調しているのは、桃真のことがあくまでも「好き」だということ、そしてそれは、「周り」からどう思われるのかを捨象《しゃしょう》した、自分の素直な気持ちであるということだ。

KAITO『青のフラッグ』⑧／集英社

KAITO『青のフラッグ』⑧／集英社

彼の言葉は歯切れが悪い。彼は口ごもり、つっかえながらしか、自分の気持ちを言葉にできない。「好きだ」ということ以外に、何も言い切ることができない。正解がわからない。彼には、周囲から眺められた自分と桃真との関係がどうあるべきかがわからないし、また、自分が望む桃真との関係と、桃真の思うそれとを、どうすり合わせるべきかもわからない。

しかし、彼にそれがわからないのは、彼が桃真との関係を、世間の常識に照らし合わせて考えることを、そもそもやめているからである。彼は、恋愛と友情を区別する「当たり前」を参照することなく、それによって答え合わせすることなく、自分と桃真との友情を、桃真とともに、自分自身で何とかして築き上げようとしているのである。

太一は桃真に「好きだ」と言う。それは、常識的な男性同士の友情に基づくなら、誤解を生じさせる非常識な行為だろう。しかし、太一はそれを桃真に伝えることこそが最善であると考えたし、それを桃真が受け取ってくれると信じていた。おそらくそこに、二人が作り出した、二人だけの友情がある。そしてそれは、フーコーが論じるような、権力によって支配されるのではない、自由な友情なのではないだろうか。

もちろん、そうした友情は簡単には成立しない。それでも太一は、自分と桃真の間には、「良い塩梅」がありえると信じている。二人だけの関係性としての友情を作り上げることは、結局のところ、そうした良い塩梅をともに探していくことなのかも知れない。

自分の人生をデザインするために

友情と恋愛の違いは何か。それが本章の問いだった。しかしこの問いは、友情と恋愛が交わることのない関係であることを前提としている。そしてその前提は、生殖を中心とした異性愛を「当たり前」とする、生権力において形成される規範である。この規範を自明視する限り、私たちは権力からの支配に無自覚であり、自由を奪われた状態であり続ける。それに対してフーコーは、古代ギリシャにおける禁欲を手がかりにしながら、自分の生き方を自ら形成していく道として、生存の美学という発想を提示する。

フーコーの思想に従うのだとしても、私たちは友達を性的な対象として扱わない、という態度を維持できる。しかしその理由は、それが社会のなかで「当たり前」とされているからではなく、自分の主体性を守り抜くためである。両者は根本的に異なった発想である。後者の場合、「私」は友達とどんな関係でいる自分でありたいかを、自分で決定する。そしてそれは、自分だけではなく、他者の主体性を尊重することでもあるのだ。

こうしたフーコーの友情論の大きな特徴は、伝統的な友情観において見逃されてきた、同性愛者の友情に光を当てている、ということだろう。彼の論理に従うなら、伝統的な友情観は友情と恋愛の峻別《しゅんべつ》を前提としてきた。しかしその構造を揺るがし、別の形の友情を示唆する可能性を、フーコーは同性愛者の友情のうちに見出すのである。

同性愛者は、生存の美学を実践することによって、はじめて他者と友情を交わすことができる。そこには、恋愛と友情のステレオタイプな偏見を乗り越えながら、しかし大切な友達と持続的な関係を形成するための、重要なヒントが示唆されているのではないだろうか。

＊1　ミシェル・フーコー『性の歴史Ⅰ　知への意志』（渡辺守章訳、新潮社、一九八六年）
＊2　ミシェル・フーコー『性の歴史Ⅱ　快楽の活用』六七頁（田村俶訳、新潮社、一九八六年）
＊3　同前、二七三頁
＊4　同前、二八四頁
＊5　同前、三〇六頁

*6　同前、一八頁
*7　ミシェル・フーコー『同性愛と生存の美学』一一頁（増田一夫訳、哲学書房、一九八七年）

第七章
友達に依存するのは悪いことか
——マッキンタイア

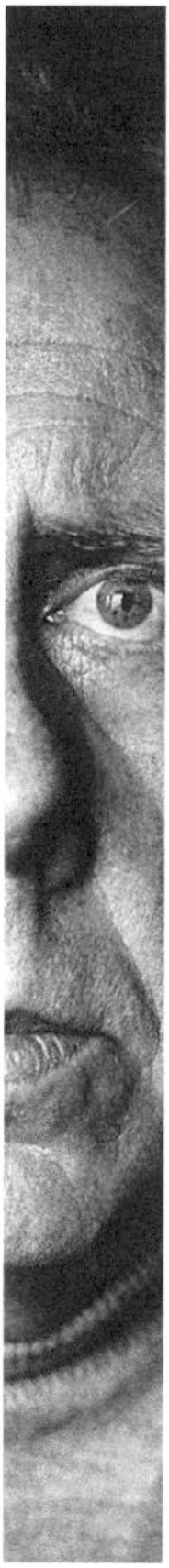

ARISTOTLE
IMMANUEL KANT
FRIEDRICH WILHELM NIETZSCHE
SIMONE WEIL
SIMONE DE BEAUVOIR
MICHEL FOUCAULT
ALASDAIR MACINTYRE

――友人となることの中で、私たちは〔他者の〕代理人の役割を
いかに果たすべきかを学んでいることだろう。

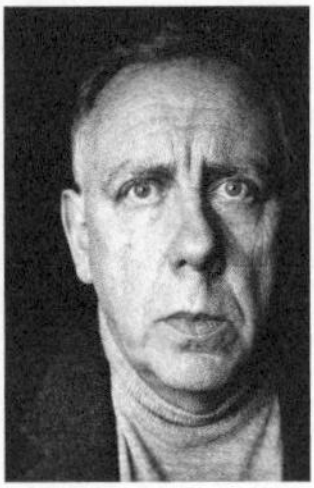

アラスデア・マッキンタイア

ALASDAIR MACLINTYRE

（1929〜）

あなたは友達に依存したことがあるだろうか。そう言われても、あまりピンとこない人もいるかも知れない。あるいは、はっきりとそうした経験があったり、あるいは友達から依存されて困った経験がある人もいたりするだろう。

伝統的な友情観において、友達同士は互いに自律的であることが前提にされていた。もちろん、困難に直面したときに支え合うことは、そうした友情を妨げることにならない。しかし、両者の関係が非対称的になり、一方がいつも他方に依存している状態は、友情にふさわしくないと見なされる。

しかし、このような見方に真っ向から異を唱えたのが、スコットランドの哲学者アラスデア・マッキンタイアだ。彼は、哲学の歴史において自明とされてきた、自律性を基調とする人間観に対し、あくまでも他者に依存するものとして人間を捉える人間観を提示した。そしてそこから、友達に依存することを、むしろ当たり前と見なす友情論を展開していく。

このように書くと、意外に思われる読者もいるかも知れない。依存を肯定することなんて不可能ではないか。しかし、マッキンタイアは次のように問い返す。そもそも誰にも依存しないで生きることなど、本当に人間にできるのだろうか、と。

友達への依存

議論の出発点として、まず、「依存」が何を意味しているのかを考えてみよう。たとえばアルコール依存は、アルコールを飲むのを止めようとしても、自分の意思で止められなくなることだ。ただ趣味でお酒を飲んでいるだけなら、それを依存とは言わない。問題なのは、アルコールを飲むべきではないとわかりながら飲んでしまうこと、そうして自分で自分を制御できなくなることである。そのような意味で依存を捉えるなら、友達に依存するとは、どういう事態を指しているのだろうか。

筆者が学生の話を聞いていて、友達依存の典型的な行動として挙げられるのは、どんなときでも一緒に行動する、ということである。たとえば、絶対に毎日一緒にお昼ごはんを食べる、遊ぶときは必ず誘う、授業はすべて一緒に受ける、といったことだ。これらが破られることはその友情を不安定にする。実際、筆者は学生と話をするとき、その友達関係にとても気を遣う。たとえば授業の後、筆者と雑談している学生の背後で、その学生の友達が不機嫌そうに待っている姿を見たら、そっと友達のもとへ行くよう促すこともある。

こうした事例を踏まえて考えるなら、友達への依存は、さしあたり、その友達を必要とする形で、その友達と関わることを意味する、と表現できるだろう。友達を必要とするということは、言い換えるなら、必要性に駆られて、なしでは済まされないものとして、友達と関わることを意味する。

このように考えるのであれば、そこから友達への依存の二つの特徴が導き出せる。一つは、「私」が友達に依存しているとき、「私」はもはや友達と自由に関わることはできない、ということである。「私」は必要性に従って、ある種の強制によって友達を関わることになるからである。そしてもう一つは、「私」の存在が友達に委ねられるということだ。すなわち、「私」のありようは、「私」が依存している友達に握られてしまい、その友達の意向一つに大きく左右されてしまうのである。

たとえば、「私」が友達に依存し、友達と毎日お昼ごはんを食べないと気が済まないとしよう。このとき「私」は、たとえ合意の上で友達とお昼ごはんを一緒に食べているのだとしても、もはや自由に行為しているとは言えない。なぜなら、もしも友達とお昼ごはんを食べないでいたら、「私」は不安でいてもたってもいられなくなってしまうからであり、そこに選択の余地はないからである。また、そうした状況において、もしも友達が「今日はラーメン食べるわ」と言い出したら、「私」もまたその友達についていってラーメンを食べなければならない。「私」がお昼ごはんに何を食べるのかは、その友達によって決定されることになるのである。

このような形で友達と関わることは、疑問の余地なく、伝統的な友情観では否定されるだろう。たとえばアリストテレスは、そんな風に他者に依存している人間に、決して善良さを認めないだろうし、またそうした人間が幸福であるとも考えないだろう。

しかし、では友達への依存をすべて否定してしまってもよいのだろうか。そう考えるのは早計であるように思える。たとえば、次のようなケースを考えてみよう。

「私」がある日交通事故に遭い、自分の足で歩くことができなくなり、車椅子で生活することになる。「私」は、なかなか移動に慣れることができず、周囲の人に助けてもらわなければならない。友達と二人で遊んでいれば、ちょっとした坂道を通るときなどに、その友達に車椅子を押してもらう必要がある。

このとき、車椅子に乗っている「私」は、友達に依存していることになる。なぜなら、少なくとも二人で街中にいるその状況においては、「私」は友達の手助けを必要としているからである。友達に車椅子を押されているとき、「私」は自由ではないし、また「私」のありようは友達に全面的に委ねられている。もしも友達がよそ見をしていたら、「私」は坂を転げ落ちてしまうかも知れない。

　では、このように障碍を抱えてしまったら、もうその人は誰とも友情を交わすことはできないのだろうか。もちろんそんなことはないだろう。そうであるとしたら、同じように友達に依存するにしても、そこには望ましい依存の仕方と、望ましくない依存の仕方があるのかも知れない。前者を健全な依存、後者を不健全な依存と呼ぶこともできるだろう。問題は、両者の違いがいったいどこにあるのか、ということである。

自律的な人間観への批判

　この問題を考えるとき、私たちには思い起こしておくべきことがある。それは、伝統的な哲学の議論において、障碍を抱えた人に光が当たることは、ほとんどなかったということだ。そしてそれが、マッキンタイアの問いの出発点である。

　マッキンタイアによれば、伝統的な哲学は「人間」を「生まれてこのかたずっと理性的で、健康で、どんなトラブルにも見舞われたことがない存在[*1]」として論じてきた。すなわちそれは、自分のことは自分ででき、誰の手も借りずに生活できる、そうした自律的な人間像だ。しかし、そうしたイメージは私たちの生きる現実を反映していない。この世界には、不運にも交通事故に遭い、障碍を負ってしまう人もいる。そうした人々は伝統的な哲学が前提とする人間像から除外され、特別扱いされるべき人、例外的な人とみなされてしまう。

もちろん、障碍以外にも、人間が他者の手を借りなければならなくなることはある。たとえば年齢を重ねて老いていけば、誰であっても、今まで一人でできたことができなくなり、周りから助けてもらわなければならない。あるいは反対に、生まれて間もない赤ちゃんは、全面的に親に世話をされなければ生きていけない。そして、誰であっても人生は赤ちゃんとして始まるのであり、幸運にも長生きすることができるなら、やがて老人になるのである。

そうであるとすると、自律的な人間像は、人間の人生のなかの極めて限られた時期にしか該当しない考え方である。そうした人間像によって人間すべてを理解しようとすることは不可能だ。マッキンタイアは次のように指摘する。

> 私たちヒトは、多くの種類の苦しみ affliction〔受苦〕に見舞われやすい vulnerable〔傷つきやすい〕存在であり、私たちのほとんどがときに深刻な病に苦しんでいる。私た

ちがそうした苦しみにいかに対処しうるかに関して、それは私たち次第であると言える部分はほんのわずかにすぎない。私たちがからだの病気やけが、栄養不良、精神の欠陥や変調、人間関係における攻撃やネグレクトなどに直面するとき、〔そうした受苦にもかかわらず〕私たちが生き続け、いわんや開花 flourishing しうるのは、ほとんどの場合、他者たちのおかげである。そのような保護と支援を受けるために特定の他者たちに依存しなければならないことがもっとも明らかな時期は、幼年時代の初期と老年期である。しかし、これら人生の最初の段階と最後の段階の間にも、その長短はあれ、けがや病気やその他の障碍に見舞われる時期をもつのが私たちの生の特徴であり、私たちの中には、一生の間、障碍を負い続ける者もいる。[*2]

（『依存的な理性的動物』）

人間は様々な困難にさらされている。そうした困難を乗り越えるためには、マッキンタイアによれば、他者の助力が必要である。他者に手助けしてもらうことは、決して、本来ならなしで済ますことができるものではない。むしろ、それなしでは私たちの人生を考えることなどできないのだ。そうであるとしたら、伝統的な哲学の議論において前提とされてきた自律的な人間像は、修正されるべきだろう。他者から手助けされることが、特別で例外的なことではなく、むしろそれを前提とするような人間像が新たに考えられなければならないのだ。

伝統的な友情観は自律的な人間像を前提にしてきた。その人間像が書き換えられるなら、友情の概念もまた刷新されるに違いない。では、そこにどんな新しい友情の姿が描き出されるのだろうか。

依存と自律の両立

マッキンタイアは、自律的な人間像に対して、人間をあくまでも傷つきやすいもの、他者からのケアを必要とする存在として捉える。しかしこのことは、人間がそもそも自律的ではないと見なしたり、自律性に価値がないと評価したりすることを意味しない。むしろ彼が訴えるのは、人間が自律的でありうるとしたら、その自律性は他者からの**「ケア」**によってしか成り立たないのであり、この意味において、自律はケアとセットで考えられなければならない、ということだ。つまり彼は、自律性そのものを批判しているのではなく、自律性が他者からのケアなしで成り立つと考える発想を、批判するのである。

たとえばここに優れた建築家がいるとしよう。この建築家は、自分自身の力で素晴らしい図面を引き、人々から賞賛されるような家を建てることができる。その建築家は、これから自分が建てる家のことを考えているとき、満たされた気持ちに浸ることができる。

このような人は、アリストテレスの発想に従えば、自律的な人であるということになる。なぜならこの建築家は、他者を必要とせず、自分の善良さを発揮することに幸福を感じられるからである。しかし、マッキンタイアの視点を導入すれば、この自律性は次のように補足される必要がある。すなわち、この建築家もまた、師匠によって育成されることで、はじめてその才能を発揮させることができたはずである。あるいは、その建築家の子ども時代にまで遡るなら、そうした道に進むことを許し、衣食住をサポートしてくれた保護者もいたはずである。もちろん、もしかしたら今この建築家には、家事で支えてくれる家族がいるかも知れない。

このように考えるなら、優れた建築家がたとえ自律的だったとしても、その自律性は他者からのケアによって支えられている。そして、そのようにケアされているということは、建築家が自律的であるということを、決して妨げない。むしろそれを可能にさえしているのである。

マッキンタイアは、人間のなかに潜在する善が、その人の個性や長所として発揮されることを、**「開花」**と呼ぶ。人間が自分の善を開花させることはよいことだ。たとえば建築家の素質――すなわち善――をもつ人が、その素質を活かして優れた建築家になり、優れた家を建てることは、その人にとって、あるいはこの世界にとって、よいことだ。ただし、そのように善を開花させるためには、他者からのケアが必要不可欠なのである。

他者からのケアを必要とすることは、ある意味で、他者に依存することである。しかし、依存することによってこそ、人間は自分の善を開花させることができる。そのように考えるなら、私たちは他者に依存するという事態を、むしろ肯定的に捉えることができるようになる。

そしてここから、前述の問いに対する一つの暫定《ざんてい》的な答えを導き出すことができるだろう。友達への依存の仕方について、健全な依存と不健全な依存がありえるとき、その違いはどこにあるのだろうか。マッキンタイアならこう答えるはずだ。すなわち、友達が「私」の善を開花させるように「私」をケアしてくれるなら、「私」がその友達に依存することは望ましいことである。それに対して、友達への依存が「私」の善の開花を妨げ、むしろそれを閉塞させるなら、そうした依存は「私」にとって望ましくないものである。

たとえば、どんなときでも友達と一緒にいなければ気が済まない、ということは、「私」

の生活を制限し、行為の選択肢を奪っていくのであって、その意味において善の開花を妨げることになる。だからそれは不健全な依存である、ということになるだろう。それに対して、たとえば「私」が障碍を負い、車椅子を押してもらうという形で友達に依存するとき、そのように友達を頼ることによって、「私」は外に出て、友達とともに様々な経験をし、そこで新たな出会いや、自分の可能性を試す機会を得ることができる。そのような意味で、こうした依存は「私」の善の開花に寄与するものであり、望ましいものである、と考えることができるだろう。

友達から教えられる自分

マッキンタイアは、こうした友達への健全な依存の例として、友達からの助言を挙げている。

ここでも少し振り返っておく必要があるだろう。伝統的な友情観は、「私」と友達の同質性を前提としていた。そして、そうした同質性が成り立つためには、「私」には自分の性質を知ることができ、同時に友達の性質をも知ることができなければならない。それに対して、

第三章で紹介したニーチェは、人間にはそのように自分を知ることも友達を知ることもできない、と訴えた。したがって、人間は誰しもが友達から誤解されるのであり、同質性を期待しすぎることは、かえって友情の破綻を促すのである。

　マッキンタイアの主張は、こうしたニーチェの主張を半分は受け継いでいる。すなわち彼もまた、「私」には自分の力では自分のことを知ることができない、と考える。しかし彼は、ニーチェとは異なり、友達の助言によってむしろ「私」は自分のことを知ることができる、と主張する。

　たとえば、就職活動をしたことがある人なら、自己紹介で自分の長所を説明するとき、困ったことがないだろうか。どれだけ頭をひねっても、凡庸な言葉しか出てこず、今ひとつパンチのある説明ができない。そうしたとき、友達に意見を求めると、思いもよらない素晴らしいアイデアを教えてもらえることがある。「お前はこういうところが長所じゃん」「君って意外とこういうことが得意だよね」と説明してもらい、自分でも意識したことはなかったけれど、たしかにそうかも知れない、と思った経験は、誰にでもあるだろう。

　そのとき、「私」は自分が友達から誤解されているとは思わない。むしろ、友達から助言されることによって、「私」は自分自身のことをより深く知ることができる。ただし、これもやはり一つの依存ではある。なぜなら、「私」は自分自身の評価を友達に委ねているのであり、自分の判断よりも、友達の判断を重視することになるからだ。もしも友達が嘘をついていたら、あるいは「私」の機嫌を取るために適当なことを言っていたら、それによって「私」は致命的に自分を誤解することにもなりかねない。友達に助言を求めることは、その意味では大きなリスクなのだ。

それでも、マッキンタイアによれば、他者からの助言なしに、自分にどんな可能性が眠っているのかを自覚することは困難だ。友達から、「あなたにはこれができる」と言ってもらえるおかげで、「私」はそれに挑戦する勇気を得て、自分の可能性を信じることができる。その意味において、友達の助言を頼ることは「私」の善を開花させる、健全な依存の形として理解できるのである。

こうした助言は、たとえば就職活動のような、特別なケースにおいてだけ必要とされるわけではない。むしろ私たちは、自分の人格の同一性を維持するために、どんなときでも他者からの判断を必要としている。マッキンタイアは次のように述べる。

> 私たちが〔自己に関して〕現にもっているような、ヒトとしての同一性という概念をも

つことができるのはただ、圧倒的大多数のケースにおいて、次のような二つの判断が一致するがゆえである。すなわち、私たちが何らかの規準に立脚することなく〔異なる時点におけるさまざまな〕自己に対して同一性を帰する判断と、他者たちがある規準にもとづいてそうした同一性を〔異なる時点におけるさまざまな私たちに対して〕帰する判断とが相互に一致するがゆえである。そして、このような判断の一致があればこそ、私たちの誰もが、自己の同一性に関するみずからの判断を、概して信用に値するものとみなしうる。自分が誰であり、いかなる人間であるかを本当に知っていると私がいわれうるのは、ただただ、私が誰であり、いかなる人間であるかを本当に知っているといわれうる他者たちが存在するからなのである。[*3]

(『依存的な理性的動物』)

平たく言えば、こういうことだ。「私」は自分に対して、何かしらのセルフイメージを持っている。しかし、それだけでは、それが本当に自分であると確信することができない。だからこそ他者の判断が必要になる。すなわち、「私」のセルフイメージと、他者が「私」に関して抱くイメージが一致することによって、はじめて、「私」はそれが自分だと確信できる。つまり自分の人格の同一性を信じることができる。

たとえば、将来優れた建築家になりたいと望んでいる人は、「自分はきっと建築家になれる」と信じようとする。しかし、もしも周りの友達が口を揃えて「そんなの絶対無理だろ」と言い、「私」の夢をあざ笑っていたら、「私」は自分の可能性を信じることができなくなる。自分では、きっと建築家になれると思っているが、しかし現実にはそうではないのかも知れない。そう「私」は不安に思い、結局自分が何をしたいのか、何をするべきなのかがわからなくなる。それが人格の同一性が成り立たなくなっている状態だ。

それに対して、「いや、僕は君ならきっといい建築家になれると思うよ」と言ってくれる友達がいれば、「私」の判断と他者の判断が一致する。それによって、「私」は再び自分の可能性を信じられるようになり、人格の同一性を取り戻すことができるようになるのだ。

「私」がどんな人間か、「私」に何ができるのか、「私」にとって何が望ましいことなのか――こうしたことを、私たちは他者からの意見なしに確信することができない。それが、友達が「私」に対して提供するもっとも根本的なケアであり、そして友情とは、そうしたケアに頼ることを許す関係性なのである。

友達との対話

人間は、自分のことを知るために、友達を必要とする。では、そのようにアイデンティティを確立させるうえで、私たちは友達とどのように関わればよいのだろうか。マッキンタイアによれば、それは**「対話」**することによってである。私たちは、対話を介することで、友達からの助言を聞き入れることができるからである。

たとえば、「私」が友達から恋愛の相談を受けたとしよう。その友達は恋人の浮気を疑っている。しかし、はっきりと追及するとその恋人は不機嫌になり、今後の関係が著しく悪化してしまう。その友達は恋人と別れたくないと思っている。できることなら穏便に済ませたいが、しかし恋人の浮気はどうしても気になってしまう。そして、もし浮気をしていたとしても、その恋人を強い態度で非難することができないかも知れない。どうしたらよいだろう、と友達が「私」に訊ねてくる。

このような相談を受けたとき、「私」はこの友達になんと答えるべきだろうか。おそらく、最初の一言目に答えを提示することはできないだろう。「そんなやつとは別れろよ」と言っても、それは友達にとってはまったく助言にはならない。なぜなら、そのとき「私」は友達にとっての善をまったく理解していないからだ。

「私」は、誰にでも当てはまるような一般的な回答を返すのではなく、友達がその恋人との関係において何を大切にしているのか、友達がどんな価値を重視しているのかを、まず把握しなければならない。したがって、「私」はその友達に質問を返すことになる。その恋人のことをどう思っているのか、なぜ、仮に浮気していたのだとしても、恋人を非難できないのか。それに対して、その友達はこう返答するかも知れない。「私はその恋人なしでは生きていけない、もし浮気をされていても、その恋人がいなくなるくらいなら、目を瞑《つむ》ってしまう方が楽かも知れない」。そうした言葉を聞くことによって、「私」は少しずつ、友達が恋人と自分の関係をどう捉えているのか、そしてその関係が友達のアイデンティティにおいて何を意味しているのかを理解することができる。

　このような対話において、「私」が相手を理解していることの証は、いったい何なのだろうか。マッキンタイアによれば、それは「体系的なしかたでその他者の声で語ること」[*4]、すなわち相手の言葉でものを考えられるようになる、ということである。たとえば右の例において、友達と対話を積み重ねていくことで、「私」は友達にとっての「愛」が何を意味しているのかを理解するようになる。そのようにして、一つ一つの言葉を共有し、考えをわかり合うことで、「私」はその友達が立っている場所から世界を眺め、友達が進もうとしている道の景色を想像できるようになる。

そうした深い理解に達した後で、はじめて、「私」は友達にとっての善を尊重し、その友達にとっての最善のあり方を語ることができるようになる。たとえば「私」は次のように友達に助言するかも知れない。「あなたが彼を愛していることはわかった。でも、そうだとしたら、あなたの恋人はそれを裏切っていることになる。私も、あなたが思う愛は正しいと思う。共感する。でも、だからこそ、あなたの恋人はあなたを裏切っているし、あなたがその関係に苦しんでいることが、私も辛い」、と。

マッキンタイアは、このような形で、対話によって友達が相手の善について語るとき、友達はいわばその友達の**「代理人」**の役割を果たすことになる、と指摘する。私たちが何かの間違いを犯しそうになったとき、あるいは何かに迷っているとき、対話をともにすることができる友達は、代理人として、「私」にとっての最善のあり方を示唆できるのだ。ただし、そうした重要な役割を演じられるためには、それにふさわしい程度に、友達の善を理解することができなければならない。マッキンタイアによれば、そのためには、「十分に長期にわたって会話を交わしあい、その話題も十分広範囲なものとなる」[*5]ことが必要である。

　このことが示唆しているのは、友達と対話するとき、私たちは「代理人」として、相応の責任を負っている、ということである。対話のなかで適当なことを言えば、友達の善を棄損し、友達を望ましくない状態へと陥れることにもなりかねない。友達は赤の他人とは違う。同じことを言うのだとしても、友達の言葉は重く、大きな影響力を持つのである。マッキンタイアによれば、「友人となることの中で、私たちは〔他者の〕代理人の役割をいかに果たすべきかを学んでいることだろう」[*6]。

　ただし、注意するべきことは、「私」が友達の代理人になりうると同時に、友達もまた「私」の代理人になりうる、ということである。「私」と友達は相互に依存しうるからだ。また、このように互いに代理人になりうるということは、「私」と友達が何らかの同質性をもつ、ということを意味するわけではない。「私」には、場合によっては友達自身よりも、友達のことが分かるかも知れない。しかしそれは、友達が「私」と同じ人間だからではない。「私」が友達の声に耳を傾け、友達と対話するからである。

　友達の代理人になりうるからこそ、「私」には友達に対して一定の責任が生じる。マッキンタイアはそうした責任として、「誠実さ」を挙げる。誠実さが失われるとき、友情の基礎となる対話は成り立たなくなる。では、どのようなときに誠実さは失われるのだろうか。彼はそうした事態として次の三つを挙げている。

第一に、「不当にも、他者たちが学ぶ必要のあることがらを彼らに学ばせないこと」[*7]である。友達に必要と思われる助言が思い浮かんでいるのに、あえてそれを言わないことは、不誠実だ。第二に、「他者たちと私たちとの間の関係の本質から目を覆うこと」[*8]である。友達が何かに困っているのに、関係のないことへと話題を逸《そ》らし、雑談で時間を埋めるような行為が、これにあたる。そして、第三に――マッキンタイアは、この不誠実さをもっとも危険視している――対話においてアイロニカルになることである。

アイロニカルである、ということは、自分が語っていることが、絶対に正しいわけではない、別の意見も可能であると知りながら、それを語ることである。たとえば、前述の例で言うなら、自分の口では「その恋人とは別れた方がいい」と言いながら、頭のなかでは「でも別に付き合っていてもいいだろうな」と思っている、という状態だ。

アイロニカルに意見することは、自分の意見を相対化し、そもそも友達にとっての善を真剣に考えようとしない態度を取ることである。そしてそれは、他者に対する誠実な態度を傷つけることになるのだ。

友達へのケア

私たちは、友達との対話を通して、自分自身の可能性を信じ、それを開花させることができる。その限りにおいて、人間の健全な成長に友達への依存は必要である。ただしその関係は、決して、ただ単に友達に自分の世話をさせる、ということを意味するわけではない。タイザン5の漫画『タコピーの原罪』では、そうした友達へのケアのあり方が問い直されている。

小学生の久世《くぜ》しずかは、生活に困窮する母子家庭で育ち、学校では壮絶ないじめに遭っていた。母親はほとんどしずかと対話することがなく、彼女は誰にも自分の気持ちを話すことができないでいた。そんな彼女のもとに、異星人のタコピーが現れる。タコピーは、ハッピー星の出身であり、不思議な力を発揮するハッピー道具を持っていた。しずかと友達になったタコピーは、何とか彼女の力になりたいと思い、ハッピー道具を使って彼女の困難を解決しようとする。しずかも、そうしたタコピーの手助けに頼るようになる。

ところが、しずかの悩みを解決しようとすればするほど、事態は泥沼化していく。タコピーは、自分がしずかの問題を解決すれば、それによってしずかを笑顔にできると考えていた。しかし、実際には、タコピーがしずかの問題に介入すればするほど、かえってしずかは追い詰められ、その表情からは笑顔が失われていく。やがてしずかは、タコピーに対して八つ当たりし、自分を傷つけ、そして周囲の人々さえも傷つけるようになっていく。

悩み抜いたタコピーは、自分が過ちを犯していたことに気づく。物語の終盤、彼はしずかに対して、次のように語りかける。

ごめんね
ごめんね　しずかちゃん
何もしてあげられなくてごめんっピ
でもいっつも何かしようとしてごめんっピ
しずかちゃんのきもち
ぼく全然わかんなかったのに　ぼく…
いっつもおはなしきかなくてごめんっピ
何もわかろうとしなくてごめんっピ

タイザン5『タコピーの原罪』下／集英社

タイザン5『タコピーの原罪』下／集英社

しずかちゃん
一人にして　ごめんっピ

しずかの代わりに彼女の問題を解決することが、彼女を救うことではなかった。彼女の苦しみの根源は、そうした問題について、語り合うことができる他者が誰もいなかった、という点にあったからだ。タコピーは、彼女の問題を解決しようとはしたが、彼女を理解しようとはしなかった。彼女の声に耳を傾けようとはしなかった。そのことが、彼女をさらに追い詰め、その心をかえって塞《ふさ》がせていた。彼女はずっと「一人」だったのだ。

タコピーがその過ちに気づき、しずかに語りかけることで、彼女はようやく絶望的な孤独から解放されたのである。

ここには、友情において対話がいかに重要であるか、また他者との対話の機会を奪われることが、人間のアイデンティティにとっていかに脅威であるかが、示されている。いじめに遭い、声を奪われているしずかに必要だったのは、対話してくれる友達だった。たとえその友達が自分の問題を解決してくれなくても、しずかはその友達と語り合うことで、自分に潜在する可能性を信じられるようになるはずだ。そしてタコピーは、物語の最後に、そうした友達として彼女に手を差し伸べることができたのではないだろうか。

友達がもう話せなくなったとき

マッキンタイアは、これまで述べてきたような、依存を許す友情の可能性を探究するために、ある究極的な事例を検討している。それは、友達が重度の障碍を負い、もう何も話せなくなったとき、「私」はその友達とどう関わるべきなのか、というものである。

たとえば、かなり悲惨な例になるが、次のような状況について考えてみよう。「私」の親友が交通事故に遭い、植物状態になってしまった。その親友はバイクが好きで、ガレージには大型バイクが置かれていた。「私」はその友達とバイク仲間で、よく二人でツーリングに出かけていて、その友達にとってバイクがどれほど大切なものかを、よく知っていた。しかし、友達の家族はバイクについての知識が皆無だった。その友達はきっともうバイクに乗ることはできない。家族は、バイクをどう扱ったらよいのかを、「私」に尋ねてきた。このとき、「私」はこのバイクをどのように扱うべきなのだろうか。

マッキンタイアの友情論に従うなら、本来なら、「私」は友達と対話するべきである。そして、その友達にとって、バイクがどのような意味を持っているのかを理解し、その観点から助言をするべきである。しかし、もうその友達は話すことができない。「私」が友達に何かを聞くことはできない。

　これは、「私」の代理人としての責任が、もっとも重く問われる事態である。そして、このような状況に対して、マッキンタイアは次のように答えている。「一時的ないしは半永久的に極度の障碍を負っているがゆえに自力で語ることができない他者たちのため〔代わり〕に語ろうとするならば、私たちは一般に、〔その他者との間の〕過去の友情関係にもとづいて語るほかない[*9]」。すなわち、親友がそうした状態に陥る前に、「私」がその親友と交わした対話を思い起こすことによって、その親友が下すだろう判断を、代わりに下すということである。彼は次のようにも述べている。

> 一般に、私の代理人を務めるような人間は、私が過去のさまざまな状況下でみずからの善についてどのような判断をくだしたか、また、それらの判断をどのような推論によって支持したかを知っている必要がある。というのも、そうしたことを知っている場合にかぎって、彼らは私のために、あたかも私が自分自身で語るように語ることができるか

らである。そうである以上、徹底的に能力を阻害された人々と、だからこそ彼らのために語る必要のある他者たちとの間のこうした関係は、一般に、それ以前から存在する友人同士の関係に根ざしたものでなければならない。[*10]

（『依存的な理性的動物』）

もちろん、こうした状況に遭遇しないことが望ましい。しかし、この世界にはこのような不幸に直面する人が、少なからず存在する。そして、自分の友達が、あるいは自分自身がそうならないという保証は何もない。だからこそ私たちは、互いが対話できるとき、まだ健康で、自分の善について思いを巡らせる余裕があるときに、たくさん対話しておくべきなのだ。

友情と傷つきやすさ

マッキンタイアの友情論は、伝統的な友情観において前提とされてきたような、他者を必要としない自律的な人間による関係から、友情を解放しようとする。むしろ、人間が自律的であるために、自分自身の善を開花させるために、私たちは他者からの手助けを必要とする。

そうしたケアに依存することは、むしろ自律の条件なのだ。だからこそ友達に依存することは何も間違ったことではない。彼はそう考える。

しかし、それはどんな依存であっても認められる、ということではない。友達への依存にも、健全な形と不健全な形がありえる。健全な依存とは、それによって依存している人の善が開花するような依存であり、不健全な依存とは、むしろその人の善を塞ぎこませ、可能性を奪うような依存である。マッキンタイアが重視するのはあくまでも前者である。後者のような形で友達に依存することは、やはりよくないことだろう。

私たちが友達に期待するケアとして、もっとも一般的なものは、対話のなかで友達から「私」に関する意見や判断を聞き、それによって「私」が自分のアイデンティティを確立するということである。自律は依存なしには成り立たない。私たちは、自分が何者であるかを知るために、友達の声を必要としている。だからこそ友情において対話は非常に重要な地位を占める営みなのだ。

人間は傷つきやすい存在であり、だからこそ友達を必要としている。そこには、伝統的な友情観において見過ごされてきた、友情の真理の一端が示されているのではないだろうか。

＊1　アラスデア・マッキンタイア『依存的な理性的動物――ヒトにはなぜ徳が必要か』二頁（高島和哉訳、法政大学出版局、二〇一八年）

＊2　同前、一頁

＊3　同前、一三〇頁

＊4　同前、二一八頁

＊5　同前

＊6　同前。〔〕は原文。

＊7　同前、二三〇頁

＊8　同前

＊9　同前、二一三頁。〔〕は原文。

＊10　同前、二〇一頁

エピローグ

友情とは、自律的な個人の間で交わされる関係である——こうした伝統的な友情観に対して、別の仕方で友情を思考することは、可能なのか。私たちはこれまで、七人の哲学者を取り上げながら、その答えを探ってきた。それによって、友情には多様な形がありえるということ、友情は画一的ではないということ、どこかに正真正銘の「本当の友情」があって、それ以外の友情はすべて偽物だなどということは、決してありえないということ——それを示すことを、本書は目指してきたのだ。

とはいえ、こうした議論を経ることによって、私たちは本書の出発点を、新たな光のもとで捉え直せるようになった。最後に、伝統的な友情観との関係を念頭に、本書が紹介してきた友情論を概観してみよう。

アリストテレスは、友情を自律的な個人による愛の関係として捉えた。彼は、善良さに基づく友情を理想とし、そこでは友達が「もう一人の自分」と見なされると説いた。なぜ、アリストテレスは、そのように一見すると奇妙にも思える思想を残したのだろうか。おそらくそれは、彼が、友情の直面する一つの矛盾を解決しようとしたからだ。すなわちその矛盾とは、自律性が重要であるにもかかわらず、人間が友達を必要とする、ということである。この矛盾を解決する代償として、アリストテレスは、「私」と他者が同じ善良さを持っているということ、すなわち友達との間の同質性を前提としなければならなくなった。

こうしたアリストテレスの友情論は、伝統的な友情観に、理論的な基礎を与えるものになった。そうであるとすれば、彼が直面した矛盾は、伝統的な友情観に胚胎《はいたい》されたもの、その内部に入る亀裂として、今日においても生き続けているのかも知れない。

カントもまた、友情を自律的な個人同士の関係として捉えた。彼にとって自律性とは、自分の欲求に支配されることなく、道徳法則に従うことができる、ということである。そうした自律性に対して人間は尊敬を抱く。したがって、友情には愛だけではなく尊敬もまた必要である。彼は人間の自律性を徹底的に洗練させようとした。

しかし、そこには依然として疑問の余地がある。それは彼が、人間に友情が必要となる理由として、誰かに自分の秘密を語ることができなければならないから、と説明していたことだ。なぜ、自律的であるはずの人間が、そのように他者に自分の秘密を語りたくなるのだろうか。それは、自分のことをわかってほしいという欲求に支配されるからではないか。そしてそれは、カントの定義に従うなら、他律性に該当するのではないか。おそらくこれも、アリストテレスが直面していたのと同じ、友情が抱える矛盾の表れである。

アリストテレスやカントは、ともに、「私」が友達のことを理解できるということを前提としてきた。それに対して、この前提を覆したのが、ニーチェである。彼はとりわけ、同情を友達への愛として捉えることを批判する。むしろ友情は、友達である二人を超えたものへと二人を導く関係であるべきであり、その理想的な形は、ライバルとの友情である。自分が成長するためなら友達との敵対さえも肯定する彼の友情論において、自律を犠牲にする形で友達に依存するという事態は、そもそも考えられないのだ。

しかし、それは見方を変えれば、彼にとって友情はあくまでも成長のための契機に過ぎない、ということでもある。そこではたしかに自律が重んじられている。だが、そうであるがゆえに、友情は二次的・副次的な機能しか演じないのである。

ヴェイユは、ニーチェと同様に、友達が「私」による理解を超えたものであるとしながら、それでも友達を愛することを目指す関係として、「恩寵」としての友情を提示した。ニーチェが友達との理想的な関係をライバルとしたのに対し、彼女の友情論は、そうした敵を許すという点に、理想的な友情を洞察する。

本書が紹介した哲学者のなかで、彼女はおそらくもっとも強烈に自律性を要求している。なぜなら彼女にとって、友達になりたいと思うことさえ、友情を汚すことになるからだ。たしかに彼女の思想は首尾一貫している。しかし、そうであるがゆえにそれは、自律性に基づいて考えられた友情が、いかに達成の困難なものであり、私たちにとって馴染み深い日常的な友情とかけ離れたものであるのかを、物語っているのかも知れない。

ボーヴォワールの友情論の最大の功績は、女性同士の友情に光を当て、その独自性を描き出した点にあるだろう。彼女は、現実の世界で抑圧された女性たちにとって、「もう一つの世界」として形成される居場所として、友情の意義を強調した。友情が自律的な個人の関係と見なされるとき、現実の世界で男性のみが自律性を発揮し、女性からは自律性が奪われている以上、友情は男性的な関係として理解される。それに対して彼女は、互いの苦境を配慮し、その苦しみを共有し合う関係として、友情を説明した。伝統的な友情観は男性中心主義の発露に過ぎない、そしてそれに対抗する、別の友情はありえる――ボーヴォワールの思想は、そのようにして、伝統的な友情観を相対化することに寄与するはずだ。

フーコーは、やはり伝統的な友情観において無視されてきた、同性愛者の友情に光を当てた。私たちは友情と恋愛をあくまでも区別しようとする。友情が自律的な個人の関係だとしたら、恋愛は生殖と結びつき、家族を形成する関係性を作り出す。しかし、このように友情を恋愛から切り離す発想の根底には、生権力による支配がある。それに対して、彼は「生存の美学」として、他者との関係性を新たに作り上げていく営みとして、友情を再定義した。男性中心主義的な友情観は、同時に、生殖を中心とする異性愛を前提としている。フーコーの友情論は、その前提を覆し、友情と恋愛の分割線が引かれる前に遡って、他者との関係性を創出することを肯定するのである。

マッキンタイアは、これもやはり伝統的な友情観において無視されてきた、障碍者との友情に注目した。彼は、人間をあくまでも傷つきやすい存在として捉え、自律性を他者からのケアへの依存なしには成り立たないものとして説明した。そして、それが友達の善の「開花」に寄与するものである限り、友達への依存を健全なものとして正当化した。彼は人間の自律性を否定しない。しかし、それと同じようにして、人間が他律的であることも決して否定しないのである。

友情は自律的な個人の間で交わされる、しかし私たちは友達を必要とする――そこには、伝統的な友情観がその内部に抱える、根本的な矛盾がある。

本書はプロローグで、伝統的な友情観の現代の代表者として、『ＯＮＥ　ＰＩＥＣＥ』の主人公ルフィを挙げた。ルフィはあくまでも自律を重んじる。彼はヒーローになることを望まない。彼にとって重要なのは、自分が人々からヒーローとして感謝されることではなく、そうした人々が自由であることだからだ。だからこそ彼は、自分が関わる人々を、憐れまれるべき被害者にするのではなく、自分の足で立つことのできる友達として捉える。では、そのルフィは伝統的な友情観に内在する右のような矛盾を、どのように引き受けているのだろうか。

友情に対する彼の考え方の原点は、単行本五九巻で語られている。この巻では、それまではっきりと明らかにされてこなかった、ルフィの生い立ちが描かれている。

子どもの頃、ルフィは孤児だった。彼は、祖父によって山賊に預けられるも、山賊はまともに面倒を見ず、放置されていた。そんな山賊のもとには、もう一人、孤児が預けられていた。彼の名前はポートガス・D・エース。ルフィよりもいくつか年上だった。

ルフィはエースと友達になろうとするが、エースはルフィを拒絶し、心を開かない。それでもルフィはエースと仲良くなろうとし、彼の後を追いかけ続けた。

ある日、エースはある海賊団の金を盗んでしまう。海賊たちに追跡されるが、辛くも逃げ延びることに成功する。しかし、金の隠し場所を知ってしまったルフィは海賊たちに捕らえられてしまう。海賊たちは、金の隠し場所を吐かせようと、ルフィを拷問する。エースは、意を決して海賊たちのアジトに突入し、ルフィを救出する。

ルフィを助け出すことに成功したエースは、ルフィがどれだけ拷問されても金の隠し場所を吐かなかったことを知り、なぜ沈黙を貫いたのかを問い質す。それに対して、ルフィは「喋ったらもう友達になれねェ」と返答する。その答えに納得しないエースは、さらに、次のように問う。


なれなくても死ぬよりいいだろ!!

なんでそんなに友達《ダチ》になりてェんだよ…おれと!!

それに対してルフィは次のように叫ぶ。

だって他に!!
頼りがいねェ!!

フーシャ村には帰れねェし…
山賊は嫌いだし…!!
お前を追いかけなかったら
おれは一人になる
…一人になるのは痛ェのより辛ェ!!

なぜルフィは友達を大切にするのか。それは、友達がいなければ、彼は一人になってしまうからだ。彼は自律性を重んじる。しかし、そうした関係を彼が求めるのは、その関係だけが彼に許された居場所であるからだ。彼は、友達なしで生きていくことが、死ぬよりも辛い

尾田栄一郎『ONE PIECE』59／集英社

と言う。彼の友情をめぐる信念には、そうした、孤独であることへの恐怖が根差している。ルフィのなかにも、伝統的な友情観が抱える、矛盾が刻み込まれている。しかし、筆者は、だからルフィの人物像が破綻しているとは思わない。むしろ、そうした矛盾を抱えることこそが、現実の人間の姿なのではないか。そして、だからこそ私たちは、他者と友情を交わすのではないか。

私たちは一人では生きていけない。私たちは弱く、傷つきやすい。しかし、だからといって、他者から支配され、他者に保護され、他者の言いなりにならざるをえないわけではない。私たちは不完全で、無力で、失敗を繰り返す。それでも、他者から対等な存在として認められ、誰かの――友達の――力になることもできる。

そうした可能性は誰にでもあるのだ。

本書に対して、なぜ、それほどまでに友情を重視するのか、という批判が寄せられるかも知れない。友達がいないことは悪いことなのか、友達なんていなくていいじゃないか、という声もあるだろう。筆者は、もちろん、友達がいないことが悪いことだとは考えていない。孤独には孤独の価値があると思う。しかし、同時にそのような批判に対して問い返したいのは、友情が不要だと言われるとき、その「友情」が何を意味しているのか、ということである。

もしも、友情は不要だとする考え——友情不要論と呼んでみよう——が、伝統的な友情観だけを前提にしているのなら、そうした主張は十分な説得力を持っていない。本書がこれまで論じてきたように、伝統的な友情観だけが友情ではないからである。

友情には多様な形がある。筆者には、そのうちのどれが本当の友情であるかを、定義することなどできない。しかし、とにかくそれが多様であることだけは、絶対的に断言したい。ある観点からは友情ではないものが、別の観点からは友情であるということが、当然のようにありえるのだ。だからこそ、私たちは友情について考えるとき、どの観点に立つのか、どのように友情を捉えるのかを、問われるのである。

しばしば、友情をめぐる議論は、伝統的な友情観の賞揚か、極端な友情不要論かの、二者択一に陥ってしまう。しかし筆者はこれらとは別のスタンスを取りたい。すなわち、友情が私たちの人生に大きな意味を与えることはありえるし、そしてそれは、伝統的な友情観とは別の形でもありえる、ということだ——おそらくこれは、それほど過激な主張ではないだろう。

友達と関わるときに、そんなことをいちいち考えない、という反論も返ってきそうだ。もちろんその通りだろう。しかし、私たちは、あるときには友情について深く考えなければならないときもある。たとえばそれは、友達に裏切られたときかも知れない。友達のために大きな犠牲を払わなければならないときかも知れない。友達から、その友達にとっての重大な秘密を打ち明けられたときかも知れない。友達から愛の告白をされたときかも知れない。友達が障碍を負ってしまったときかも知れない。そうした状況において、私たちは、自分が目の前の友達と、どんな関係であるべきなのかを選択しなければならない。自分にとって友情がどんな意味をもつのか、考えなければならない。

そのとき、この世界に本当の友情が一つしかなく、それ以外の友情はすべて紛《まが》い物だと考えるなら、私たちは致命的なミスを犯すことになるかも知れない。友達を傷つけ、自分も傷つけるかも知れない。大切なものを失い、ずっと後悔することになるかも知れない。そうならないためにも、私たちは友情を多様な概念として理解するべきなのだ。

伝統的な友情観は、しばしば、ネットワークのようなものとして喩えられる。それは、「友達の輪」と表現されるように、そのうちへと友達を包摂していく全体としてイメージされる。それに対して筆者は、友情にはもっと別の形象が適しているのではないか、と考えている。すなわちそれは、シャボン玉である。

風に乗って漂う、いくつものシャボン玉のように、友情はそれぞれに異なる形をもつ。その一つ一つのなかに、膜《まく》に覆われた固有の空間がある。ただしそれらは、ほんのささいなことで傷つき、簡単に壊れてしまう。だからこそ私たちは、友情を大切に扱い、友達との関係をケアしなければならないのである。

本書は、筆者の勤務している関西外国語大学において開講されている、「哲学」という授業の内容をベースにしたものだ。筆者は毎回、学生に対して授業へのコメントを課している。そうしたコメントのなかには、しばしば、学生が現実に体験してきた友達との思い出や、友情をめぐる悩みが綴られていた。そうした言葉の数々から、筆者は多くのことを学び、様々なインスピレーションを得ることができた。こうした学生たちからの寄与なしに本書は成り立たなかった。この場を借りて感謝を申し上げたい。

また光文社新書の田頭晃氏は、「友情の哲学」の意義を認め、書籍化を推し進め、編集をご担当下さった。田頭氏は、筆者の想いを尊重して下さりながらも、より多くの読者に本書を届けるために、大変丁寧なフィードバックをして下さった。もともと大学生向けの授業であった本書の内容を書籍へと昇華することができたのは、紛れもなく、田頭氏のご助言があってのことである。

あなたが友達との関係に悩んでいるとき、本書が道しるべとして役立つことができたら、筆者としてはこれ以上の喜びはない。できることなら、あなたの友達のなかに、本書も加えてやってほしい。友達の声を聞くように、本書が紹介してきた哲学者の言葉を読んでほしい。そして、もし目の前にその哲学者がいたら、あなたにどんなアドバイスをするか、ぜひ想像してみてもらいたい。

あなたと、あなたの友達の関係が、よりよいものであることを、あなたの歩む道なき道を彩る、虹と光を湛《たた》えたシャボン玉の祝福であることを、筆者は祈っている。

二〇二二年一〇月

戸谷洋志

戸谷洋志（とやひろし）

1988年、東京都生まれ。関西外国語大学准教授。法政大学文学部哲学科卒業、大阪大学大学院文学研究科博士後期課程修了。博士（文学）。主な著書に、『スマートな悪――技術と暴力について』（講談社）、『原子力の哲学』（集英社新書）、『ハンス・ヨナスの哲学』（角川ソフィア文庫）、『Ｊポップで考える哲学――自分を問い直すための15曲』（講談社文庫）がある。共著に、『僕らの哲学的対話――棋士と哲学者』（イースト・プレス）、『漂泊のアーレント 戦場のヨナス――ふたりの二〇世紀 ふたつの旅路』（慶應義塾大学出版会）。近刊に、『未来倫理』（集英社新書）がある。

友情《ゆうじょう》を哲学《てつがく》する 七人《しちにん》の哲学者《てつがくしゃ》たちの友情観《ゆうじょうかん》

2023年２月28日初版１刷発行

著　者 ―― 戸谷洋志
発行者 ―― 三宅貴久
装　幀 ―― アラン・チャン
印刷所 ―― 堀内印刷
製本所 ―― ナショナル製本
発行所 ―― 株式会社光文社
東京都文京区音羽1-16-6（〒112-8011）
https://www.kobunsha.com/
電　話 ―― 編集部03(5395)8289 書籍販売部03(5395)8116
業務部03(5395)8125
メール ―― sinsyo@kobunsha.com

ISBN 978-4-334-04650-7

1230
「美食地質学」入門
和食と日本列島の素敵な関係
巽好幸

蕎麦を育む火山、出汁を支える山脈、日本酒と地球の大変動――。多彩な和食が生まれた理由は日本列島にある!? 地下深くで密接に結びつく二つの意外な関係をマグマ学者が丁寧に紐解く。

978-4-334-04637-8

1231
時を超える美術
「グローカル・アート」の旅
新見隆

ローカル（地域、身近なもの）を大事にしながらグローバル（世界のありかた）につながる――。そんな「グローカル」な精神を宿した美術作品や芸術家に触れた「芸術風土記」エッセイ。

978-4-334-04638-5

1232
Ｗｅｂ３とは何か
ＮＦＴ、ブロックチェーン、メタバース
岡嶋裕史

「巨大ＩＴ企業の支配から個人が解放されたインフラ」で、「要素技術としてブロックチェーン、なかでもＮＦＴあたりを重視する」というＷｅｂ３の全体像を、批判的な見方を含め解説。

978-4-334-04639-2

1233
古典と日本人
「古典的公共圏」の栄光と没落
前田雅之

高等教育の古文・漢文不要論が唱えられる今、私たちに古典は本当に必要なのか。日本において古典が成立した歴史を辿りながら、そもそも「古典」とは何かということを考える。

978-4-334-04640-8

1234
小学校受験
現代日本の「教育する家族」
望月由起

拡大・過熱・多様化――誰が、なぜ、どのように受験しているのか。入学後の環境は？ 教育学者が小学校受験の実際や問題点、評価すべき点などを、経験者の声も交え具体的・リアルに報告。

978-4-334-04641-5

1235

アニメ療法《セラピー》
心をケアするエンターテインメント

パントー・フランチェスコ

日本のポップカルチャーの力で、心を治癒することはできるか。イタリア出身のオタク精神科医が精神医学や心理学の知見を物語療法と接続し、新しい「アニメ療法《セラピー》」を構想する。

978-4-334-04642-2

1236

安い・美味しい・簡単 実践 健康食

岩田健太郎

「近所のスーパーの特売品で自炊」に健康が詰まってる…感染症医でファイナンシャル・プランナーの資格も持つ著者と考える、お金をかけず、持続可能でより豊かに生きるための食事術。

978-4-334-04643-9

1237

社会を変えるスタートアップ
「就労困難者ゼロ社会」の実現

小野貴也

全国1500万人の「就労困難者」に適切な仕事を提供し、労働力減少を補う。社会課題を解決するスタートアップが見据える日本経済の未来像と、その先にあるインクルーシブ社会とは。

978-4-334-04644-6

1238

教育大国シンガポール
日本は何を学べるか

中野円佳

激しい教育競争、点数化する習い事——煽られ、葛藤する母親達、疲弊する子ども達。教育社会学研究者・ジャーナリストが現地の教育システムの実態を、インタビュー調査を交え報告。

978-4-334-04645-3

1239

エンタメ小説家の失敗学
「売れなければ終わり」の修羅の道

平山瑞穂

華々しいデビュー、10万部超えのヒット、そして映画化——。人気作家も目前だった小説家が犯した痛恨の「失敗」とは？出版界の裏事情と赤裸々な告白に満ちた自虐的反省の書。

978-4-334-04646-0

1240

「おふくろの味」幻想
誰が郷愁の味をつくったのか

湯澤規子

一体「おふくろの味」とは何を指しているのか。なぜそれは時に女性たちをいらだたせるのか。社会と時代を丹念に読み解き、「おふくろの味」が誕生した経緯とその正体を探る。

978-4-334-04647-7

1241

数字のセンスを磨く
データの読み方・活かし方

筒井淳也

私たちは数字に取り囲まれて日々を送っている。だが、数字をきちんと理解し、数字ときちんと向き合えているだろうか。計量社会学・家族社会学を専門とする著者が「数字との付き合い方」を示す。

978-4-334-04648-4

1242

追跡 税金のゆくえ
ブラックボックスを暴く

高橋祐貴

一般社団法人による〝中抜き〟、見えない五輪予算、孫の小遣いとなる中山間地域の助成金――。私たちの税金は何に使われているのか。気鋭の新聞記者がその杜撰な実態に粘り強く迫る！

978-4-334-04649-1

1243

友情を哲学する
七人の哲学者たちの友情観

戸谷洋志

友情とは何なのか。いま、その多様性を知ることが、人生をいくらか豊かなものにしてくれるのではないか。漫画が描く「友情」のあり方を参照しながら、哲学者七人の友情観を探る。

978-4-334-04650-7

1244

改訂版 東大合格高校盛衰史
1949年～最新ランキング徹底解剖

小林哲夫

日本一の頭脳たちはどこから集うのか？ 名門進学校の凋落と躍進を辿ることで、日本社会の構造が浮き彫りになる。戦後から今に至るまでの合格者数ランキングで、東大受験の実情を一挙総覧！

978-4-334-04651-4